宁夏保险业发展研究

A study on the Development of Insurance Industry in NingXia

薛生强 著

黄河出版传媒集团
宁夏人民出版社

图书在版编目（CIP）数据

宁夏保险业发展研究／薛生强著. — 银川：宁夏人民出版社，2016.12
ISBN 978-7-227-06581-4

Ⅰ. ①宁… Ⅱ. ①薛… Ⅲ. ①保险业—经济发展—研究—宁夏 Ⅳ. ①F842.743

中国版本图书馆CIP数据核字（2016）第315057号

宁夏保险业发展研究　　薛生强　著

责任编辑　康景堂
封面设计　石　磊
责任印制　肖　艳

黄河出版传媒集团 宁夏人民出版社 出版发行

出 版 人　王杨宝
地　　址　宁夏银川市北京东路139号出版大厦（750001）
网　　址　http://www.nxpph.com　http://www.yrpubm.com
网上书店　http://shop126547358.taobao.com　http://www.hh-book.com
电子信箱　nxrmcbs@126.com　renminshe@yrpubm.com
邮购电话　0951-5019391　5052104
经　　销　全国新华书店
印刷装订　宁夏银报印务有限公司
印刷委托书号　（宁）0003860

开本　787mm × 1092 mm　1/16
印张　14.75　字数　230千字
版次　2016年12月第1版
印次　2016年12月第1次印刷
书号　ISBN 978-7-227-06581-4

定价　48.00元

前　言

保险业是现代金融体系和社会保障体系的重要组成部分，保险业的健康发展不仅关系到金融业的长治久安，而且对于社会经济的平稳运行也起到举足轻重的作用。改革开放以来,宁夏保险业迎来了新的发展契机,取得了显著的成就,保险业已经成为全区重要的金融服务业之一。

然而,宁夏保险业在改革和发展中还存在许多问题。保险业的改革滞后,发展粗放,绩效不高,这些问题需要从理论上厘清。一些研究者从不同角度提出了一些有建设性的观点,为宁夏保险业发展奠定了一定的研究基础。但总的来讲,这些文献主要是应急和对策建议性的研究,缺乏相关的理论依据。本书将保险理论和产业经济学、区域经济学理论结合起来,对宁夏保险业展开全面系统的研究,为宁夏保险业的发展提供理论支持和决策参考。

本书共由六章组成。第一章区域保险业发展基础理论,系统梳理了区域经济发展理论、区域保险发展理论、现代保险社会管理功能及保险监管理论分析等相关理论，为后面的研究提供理论基础。第二章区域保险业发展指标与测度,介绍了区域保险业发展的经济社会环境指标、发展状况指标、发展差异测度方法等。第三章西部区域及宁夏保险业发展分析,这一部分对中国保险业发展概况做了简要介绍后对西部保险业发展差异做了详细分析，之后重点对宁夏保险业自新中国成立以来的发展做了系统地梳理和回顾,并从保费收入、保险深度、保险密度、保险业市场结构、保险业总资产和保险赔款等方面对宁夏保险业发展现状进行了分析。第四章宁夏保险业区域发展比较研究，这一章对宁夏各地区域保险业的发展水平、市场结构、发展地位、发展潜力、保险功能发挥以及区域间保险业发展的协调度等进行了系统的比较研究。研究发现宁夏各区域保险业之间存在着不同程度的发展差异，各地区保险业发展很不均衡，区域间协调度有待加强。第五章宁夏保险业市场结构、行为与绩效研究，这一部分分别对宁夏财产保险业和人身保险业的市场结构、市场行为和市场绩效进行了实证分析。分析指出宁夏保险市场目前仍然处在高寡占型阶段，属于寡头垄断市场结构，但从市场格局演变的趋势来看，市场集中度在逐步降低，并向低寡占型阶段转变，保险业的效率也有较大的提高空间，发展态势良好。第六章宁夏保险业发展影响因素分析，运用实证分析的方法对影响和制约宁夏保险业发展因素如地区生产总值、固定资产投资、人均储蓄等进行了研究并得出了相关结论。

基于对以上内容的研究，本书形成以下主要观点：

(1)从总体来讲宁夏保险业的发展水平仍然处于低级阶段，但是区域间保险发展水平又极度不平衡，发展水平高的地区并没有明显落后于全国水平。因此，缩小宁夏保险业同全国保险业发展水平的重要问题之一在于均衡、协调发展。对于保险业发展水平高的地区，保险产品供给应当注意多样化和个性化以满足消费者的不同偏好。对于保险业发展水平低的地区，应当提供能够满足消费者基本生活需求的低价格的保险产品，努力把潜在的保险需求转化为有效需求。

(2)宁夏保险业呈现出寡头垄断的市场结构特征，并不是源于自由竞争，主要是行政配置资源的结果。高市场占有率和市场集中度多由人为因素所造成，保险业经营面临着巨大风险。如何防范风险，建立有效的市场竞争机制和退出机制，是进一步优化保险产业组织的重要问题。建议在继续引进保险主体增加竞争时，重点鼓励农业保险、养老保险、健康保险等有特色的专业保险公司进入，提高和带动宁夏保险产业组织效率。

(3)影响宁夏保险业发展的因素很多，这些因素包括区域经济发展水平、居民可支配收入、人口的总量和年龄结构、通货膨胀率、固定资产投资以及风险意识和消费习惯等。本书研究结果表明，地区生产总值、固定资产投资、人均储蓄等因素对宁夏保险业发展的影响最大。

(4)宁夏保险企业市场行为中价格竞争比较单一，以隐形价格竞争为主要手段，非价格竞争各有特点，但大多属于广告宣传的范畴，产品的核心差异度较小。造成这一结果的主要原因是保险费率严格管制制度。今后要加快推进保险费率市场化改革，进一步放开对保险产品定价的限制，给保险企业以产品定价的自由权。监管部门要将监管重心转移到对保险公司偿付能力的监管上，真正做到让市场对资源配置起决定性作用。

本书对宁夏保险业发展进行了较为全面、系统的分析，拓宽了宁夏保险的研究领域，对这些相关问题进行深层次的分析，希望在理论上能够给予解释和指导。同时，本书研究得出的一系列能够比较全面反映宁夏保险业发展状况的数据和指标，也将有助于推动宁夏保险业的发展，为政府制定经济政策提供理论依据，为保险企业经营管理决策提供参考，以期推动宁夏保险业持续、健康、全面发展。

目 录

第一章　区域保险业发展基础理论

一、区域经济增长理论

通常认为现代经济增长理论是在凯恩斯理论的基础上发展起来的。之后在 20 世纪 40 年代,以哈罗德和多马为代表的经济增长模型极大地引发了人们对经济增长理论研究的兴趣。随后在经历了新古典增长理论和新增长理论两个阶段之后,西方经济增长理论获得了长足的发展。

关于区域经济增长的内在动力,西方经济学家是根据欧美发达国家区域经济成长的历史过程总结出来的,并对其成长的动力机制和原因进行了系列解释。新古典学派的传统观点认为:经济增长是资本积累、劳动力增加和技术变化长期作用的结果,需求变化和部门间的资源流动不是非常重要。现代西方经济增长理论主要是从要素供给方面来分析经济增长的。主要有哈罗德—多马模型、新古典经济增长理论、新经济增长理论、新古典区域经济增长理论和二元经济理论等。

(一)哈罗德—多马模型

英国经济学家哈罗德和美国经济学家多马在 1939 年和 1946 年分别独立地提出了建立在凯恩斯理论基础上的经济增长理论,并建立了相关经济模型。尽管二者之间存在着一些差异,但基本思想是一致的,因此后来经济学家们把两个模型统称为哈罗德—多马模型。

在哈罗德模型中,以 Y 表示国民收入;以 G 表示收入或产量的增长率,即经济增长率;以 k 表示投资与产量增量之比,即加速系数;以 s 表示储蓄在国民收入中的比率;以 I 表示净投资;以 S 表示储蓄。哈罗德模型的基本公式是:$Gk=s$

由于,$G=\frac{\Delta Y}{Y}$

$$k=\frac{I}{\Delta Y}$$

$$s=\frac{S}{Y}$$

所以,$\frac{\Delta Y}{Y}=\frac{I}{\Delta Y}=\frac{S}{Y}$

$$\frac{I}{Y}=\frac{S}{Y}$$

$$S=I$$

在多马模型中,以 σ 表示加速系数的倒数,即资本生产率($\sigma=\frac{\Delta Y}{I}$),其余符号同哈罗德模型。多马模型的基本公式是:$G=S\sigma$

即:$\frac{\Delta Y}{Y}=\frac{S}{Y}\cdot\frac{\Delta Y}{I}$

$$\frac{\Delta Y}{Y}=\frac{\Delta Y}{Y}\cdot\frac{S}{I}$$

$$\frac{S}{I}=1$$

$$S=I$$

由于多马和哈罗德所谈的基本上是一回事,因此,经济学家用这样的公式来表述哈罗德—多马经济增长模型:$G=\frac{s}{k}=s\sigma$

哈罗德—多马模型的含义可以概括为:第一,哈罗德—多马模型从凯恩斯的S=I这一公式出发,认为要使经济均衡增长下去,那么,一个国家每一时刻的储蓄应当全部转化为投资。第二,由于储蓄比例与资本生产率共同决定经济增长率,因而既可以在资本生产率为既定的条件下用改变储蓄率比例或投资比例的办法来改变经济增长率,也可以在储蓄率不变的前提下用改变资本生产率的办法来使经济增长率发生变动。第三,哈罗德—多马模型认为,凯恩斯采取短期分析方法,从有效需求不足出发,只注意投资在增加总需求方面的作用,而没有注意到投资在总供给方面的作用。由于投资能形成新的生产力,所以投资具有两重性,即一方面可以增加总需求,另一方面具有生产力效应,可以增加总供给。

哈罗德—多马模型指出了经济增长率的决定因素并给出了经济实现稳定增长的条件。哈罗德指出如果经济实现充分就业条件下的稳定增长,就必须要有实际经济增长率 G_A、有保证的经济增长率 G_W 和人口增长率 G_N 三种增长率相等,即:

$$G_A = G_W = G_N$$

但是这个稳定增长的条件过于苛刻,常常不能够自发实现。因为资本—产出比是固定不变的,所以并不存在一个自发的机制总是能够保证经济增长在充分就业下实现,当然也就不能保证人口增长率与经济增长率相等。另外,有保证的经济增长率与实际经济增长率之间相等的条件是不稳定的。因此,哈罗德—多马模型的结论是经济增长路径是不稳定的。

由于哈罗德—多马模型出现在资本主义经济大危机之后,并且它的结论又和当时资本主义经济所表现出的不稳定性一致,因此立即引起了西方经济学界的重视。但是哈罗德—多马模型所得到的比较悲观的结论以及模型中有关生产函数具有固定投入比例的假设也注定了它不能成为正统的西方经济增长理论的命运。围绕哈罗德—多马模型所进行的分析和研究对于经济增长所起到的作用也非常有限(巴罗,1995)。

(二)新古典经济增长理论

由于哈罗德—多马模型的结论过于悲观,并且其经济增长的不稳定性结论与第二次世界大战之后的许多西方国家的经济增长和波动的事实不相符合,因此许多经济学家试图建立新的模型来解释新的经济增长现象。20世纪50年代建立的索罗—斯旺模型就是其中的代表,该模型为新古典经济增长理论奠定了基础,其增长理论也长期占据了经济增长理论的正统地位。

在索罗—斯旺模型中假定生产函数具有典型的“新古典”形式,认为资本和劳动可以平滑的替代,因而资本和劳动的搭配可以由资本积累的数量进行调节。由于资本的边际产量存在递减规律,所以在一定劳动数量条件下,资本的边际收益递减规律将能够保证经济增长稳定在某一水平上。这样,索罗—斯旺模型就解决了哈罗德—多马模型中的经济增长不稳定的难题,得出资本主义经济可以实现稳定增长的结论。

但是,索洛—斯旺模型中假定储蓄率是外生的,模型只说明了人均资本积累的动态变化过程,没有与一定的福利判断标准比如帕累托最优相联系。一直到了1965年才由凯斯(David Cass)和库普曼斯(Tjalling Koopmas)将消费者最优化分析引入到新古典经济增长模型中,建立了更为一般和普遍的经济增长模型。

凯斯和库普曼斯所使用模型的基本思想来源于拉姆齐(Flank Ramsey)。后者在1928年发表的一篇论文中构造了一个效用最大化的动态模型。模型是一个动态方程,其中约束条件是资本积累的动态方程,目标函数是极乐与享乐之间的差额按时间加总为最小。拉姆齐在不考虑时间贴现因素的条件下运用古典变分方法得出了决定储蓄率的“凯斯—拉姆齐规则”,奠定了研究最优积累和增长问题的基础。因此,人们将凯斯和库普曼斯的分析模型与拉姆齐的分析模型统称为“拉姆齐—凯斯—库普曼斯模型”。在此后的二十多年里,拉姆齐—凯斯—库普曼斯模型作为经济增长正统理论的一种形式化概括,它成为发展各种经济增长模型的基本框架。

拉姆齐—凯斯—库普曼斯模型和索洛—斯旺模型对于经济长期稳定增长状态的研究结论是相同的。认为经济的长期增长率是由外生的人口增长率和技术进步率决定的。因为技术进步是外生给定的,所以模型不能够对技术进步促进经济增长的机制做出解释。相应的,在外生因素相同的条件下,模型对不同经济预测的结论是这些经济将趋向于相同的状态。模型还认为资本的边际收益服从递减规律,而人均资本的边际收益正向地取决于经济的增长率,因此在经济向稳定状态调整的过程中,低资本存量的国家将有更高的增长率。

(三)新经济增长理论

关于经济增长问题的讨论在20世纪五六十年代达到鼎盛以后又长期趋于寂静。20世纪80年代以来,以美国经济学家罗默(P. Romer)和卢卡斯为代表的一批西方经济学者突破了传统研究领域,另辟蹊径,在经济增长理论方面的研究取得重大突破,形成了“新经济增长理论”。该理论的基本观点是将内生技术进步、人力资本投资和知识积累等因素看做是长期经济增长的源泉。在这些理论的经济模型中认为内生的技术进步对经济增长具有决定性影响,因而新经济增长理论也被称为内生经济增长理论。

琼斯(Larry Jones)从模型中对生产技术刻画的角度将新增长理论划分为凸性模型和非凸性模型。凸性模型强调生产过程中规模收益不变的特征,生产函数符合福利经济学的标准假设。这一模型及其以后的发展基本可以被认为是简单AK模型的一个推广。

非凸性模型中假定生产技术具有规模收益递增的特征，此类模型大致可以为两类。一类以罗默（1986）和卢卡斯（1988）的模型为代表，他们借助于某种生产要素所产生的外部效应来说明规模收益递增，从而模型具有典型的非凸特征。由于外部溢出效应常常不是经济当事人决策时考虑的因素，因此该模型具有明确的政策含义。但这类模型也存在着一定的缺陷，即虽然说明了知识和人力资本的积累存在是内生经济增长的发动机，但他们并没有真正说明技术变动的机制。另外一类非凸模型强调技术变动的机制，通过把提高产品质量和引入中间产品与获取垄断利益相联系，说明企业对产品进行研发所产生的技术进步从而推进经济增长的整个过程。在这些模型中，具有某些垄断竞争特征的厂商为了获取垄断利润进行相关的产品研发活动，而这种活动将会使生产要素的使用更加富有效率，最终使得经济可以在长期中维持较高的增长率。垄断竞争的市场类型是该模型的基础，所以此类稳定状态的经济增长具有非帕累托最优的特征。因此它与具有外在性的模型相同，这一模型的结论也蕴含了赋予政府在制定经济政策或建立经济制度上具有更多可能的选择。

20世纪80年代以后又出现了比较多的具有内生特征的经济增长的理论和模型。这些理论和模型强调技术创新、人力资本投资、知识积累等因素对经济增长的持久贡献，在更大程度上说明了经济增长的动因。从现实情况来看，似乎更加符合经济增长的事实。同时，这些模型及理论所得出的结论和提供的政策建议实际上也在很大程度上改善了政府对于如何保持经济长期增长无计可施的状况。

（四）新古典区域经济增长理论

新古典区域经济增长理论运用新古典经济增长模型分析区域经济增长问题。新古典区域经济增长理论认为在市场机制的作用下区域之间要素报酬的差别会通过要素流动实现趋同，或者说区域之间的差异最终会趋向收敛，人均收入差别趋向消失，区域经济实现均衡增长。新古典区域经济增长模型表示为：

$$Y_i=\alpha_i K_i+(1-\alpha_i)L_i+T_i$$

其中：

$K_i=\frac{S}{v}+\sum K_{ji}$；

$L_i=N_i+\sum M_{ji}$；

$K_{ji}=f(r_i-r_j)$；

$M_{ji}=f(W_i-W_j)$。

在上述公式中，Y 代表经济增长率；i 代表某区域；K 代表资本增长率；L 代表劳动增长率；α 代表资本占收入的比重；S 代表储蓄占收入的比重；V 代表资本与产出之比；T 代表技术进步增长率；M_{ji}代表每年从 j 区域流向 i 区域的人口净流量与 i 区域的人口总量之比；K_{ji}代表每年从 j 区域流向 i 区域的资本净流量与 i 区域的资本总量之比；N 代表人口自然增长率；r 代表资本回报率；W 代表工资率。

上述模型给出了经济增长率、劳动增长率和资本增长率的测算方法。从中可以看出，某一区域内资本的回报率与该区域的资本和劳动比率成反比关系，而劳动的回报率则与资本和劳动比率成正比关系。这样就会导致资本和劳动在区域之间相互反方向流动，最终达到均衡的结果就是区域差异趋于收敛。新古典区域经济增长理论认为市场会发挥资源配置作用，会自动收敛形成区域趋同的均衡，因此，没有必要制定和实施政策去干预区域经济。

新古典区域经济增长模型趋同假说其实与现实情况相去甚远，并不能完全解释经济现实，特别与发展中国家的情况差距较大，并且在实际应用中缺乏可操作性。但是，这一趋同假说毕竟给出了规范的分析原理，为以后的区域经济增长理论模型分析提供了一个分析范式，也为区域保险增长的研究提供了基本的规范分析方法。

（五）刘易斯的二元经济论

阿瑟·刘易斯教授是诺贝尔经济学奖获得者，他在1954年发表的《劳动无限供给条件下的经济发展》一文中，提出了两个著名模式：即发展中国家的二元经济结构模式和发达国家与不发达国家之间贸易决定的模式。该论文产生了广泛而深远的影响。之后，他又发表了《无限的劳动力：进一步的说明》《对无限的劳动力的反思》《再论二元经济》等文，系统地论述了关于二元经济模型的思想。

刘易斯的二元经济模型有三个特征："第一，它包括'现代的'与'传统的'这两个部门。现代部门通过从传统部门吸收劳动力而得以发展。第二，在提供同等质量和同等数量的劳动条件下，非熟练劳动者在现代部门比在传统部门得到更多的工资。第三，在现行工资水平下，对现代部门的劳动力供给超过这个部门的劳动力的需求。就这个意义来说，发展之初非熟练劳动力是充裕的。"经济结构的二元性对于发展中国家来说具有普遍的共性。

刘易斯认为在那些相对于资本和自然资源来说人口众多的国度里，传统农业部门的劳动边际率很小，或等于零，甚至为负数。因此，传统农业部门存在着"剩余劳动"。所谓"剩余劳动"是指去掉这一部分劳动后，即使不增加投入，产出也不会减少。这一部分劳动形式上就业，但却没有对总产出的增加发生积极作用。在这样的二元经济结构中，劳动力的供给是无限的，工业部门中工人的工资是由农民的平均收入决定的，且略高于农民的平均收入。劳动力从农业部门转移向工业部门的关键因素是资本积累。当资本积累赶上劳动力供给时，工资开始上升到维持生活的最低水平之上。

在刘易斯的二元经济思想里，发展中国家的经济发展分为两个阶段。第一阶段是劳动无限供给阶段。在这一阶段，资本稀缺劳动过剩，实际工资取决于维持生存的最低生活资料，资本积累所产生的剩余全部归资本家所有，利润在国民收入中的份额将会增加。第二阶段的开始是资本赶上劳动力供给，剩余劳动被吸收完毕，所有生产要素都短缺，随着积累的增加，工资不再保持不变，工人和农民的收入都取决于其劳动的边际生产率。

二、区域保险发展理论

（一）保险排除理论

1. 金融排除产生的背景

20 世纪 80 年代以来，随着经济全球化、一体化的逐步深入，各个国家都不同程度的对金融业放松了管制，由此，金融服务得到了前所未有的发展，各种新兴的金融产品和金融服务不断涌现，金融覆盖面也越来越广泛。尽管如此，在全世界范围内，仍然有大量的群体没有得到这些便捷的金融产品服务。由此，学者们逐渐关注起这一现象，金融排除理论由此发端。

由于放松了金融管制，20 世纪 90 年代开始，各国资本不断进入银行体系，金融机构逐渐增多，竞争不断加剧。伴随着竞争，越来越多的金融信贷产品和金融衍生工具被研发和设计出来，并投放到了不同的金融细分市场中。在这些市场中那些获利空间大、风险小的客户群体享受到了金融机构更多更优惠的金融服务和产品，而另外许多收入低、文化程度低、位于城市社会边缘和乡村的各种“边缘群体”却往往被金融机构在设计产品和市场营销时忽略和排除了。特别是 21 世纪以来，全球的经济萧条和金融危机来临，使得银行的不良债务不断增加，竞争成本也不断上升。银行从利益最大化的经营目标出发，在不断扩张市场的同时也不断细分市场，目标对象的选择又进一步将弱势群体从金融服务体系中分离出去。

此外，信息技术的不断发展，为金融行业进行更加精确的市场定价和风险评估提供了强有力的技术支持。这一方面给消费者带来了更加广泛的产品和服务的选择，但也使得金融产品的设计更多迎合高收入阶层的金融需求，而进一步忽略了弱势群体的金融需求，给那些低收入人群、居住偏远人群，甚至一些身体有残疾和缺陷的人群制造了更多的壁垒。20世纪90年代以来，包括中国在内的各国金融机构陆续关闭了一些盈利性较差的地区的分支机构，使金融机构在地理上产生的金融排除可以得到充分的印证。实际上，由于互联网络、电话的运用对于这类地区的居民来说往往较难触及，电话银行、网上银行的兴起实际上是对那些没有电脑或者较少使用电脑和互联网的个人来说是一种歧视。因此，日新月异的信息技术的发展实际上进一步扩大了享有金融服务和金融排除人群间的差距。

2. 金融排除的定义和特征①

（1）金融排除的定义

对于金融排除，目前也未形成一个统一而明确的定义。比较狭义的定义是以 Rogaly（1999）、Kempson 和 Whyley（2000）等为代表的人提出的。认为金融排除就是将一部分人从一些金融产品和服务中排除出去，使他们不能接触或无法拥有特定类型的金融产品和服务。对这类人群进行金融排除的标准常常主要以是否拥有一定数量的银行存款特别是活期存款作为主要依据。另外还有欧盟委员会的定义是指人们在获取或使用那些能够使他们在所归属的社会中过上正常社会生活而拥有主流金融产

①张艳萍. 保险排除对区域保险市场发展差异的影响研究. 北京：经济科学出版社，2014.

品和服务的过程中遇到的困难。这一定义强调排除与主流金融产品及服务的关系。英国教授 Leyshon 和 Thrift(1995)将金融排除定义为阻止贫困等弱势群体获得与金融系统接触的过程。这里将"接触金融系统"看成是一个整体,而且认为金融排除与社会排除存在着一种包含而紧密的关系。这是比较广义的定义。

(2)金融排除理论研究的特征

对于金融排除的观察和研究大致可以分为前期和后期两个阶段。前期研究注重地理性排除,后期研究注重人文性排除。对金融排除最早关注的是金融排除涉及金融服务接触和银行分支的地理性问题。如 Leyshon 和 Thrift 观察到英国银行机构从贫困偏远地区撤出,从而产生了对贫困地区金融产品和服务的排除。他们从银行分支机构关闭的地区或社区观察到那些低收入人群聚集的区域几乎不存在任何金融服务,进而分析了金融排除对社会经济空间所产生的影响。前期的研究主要是运用了地理学的分析方法和分析手段对一些欧美发达国家的金融排除进行地理空间分析,研究表明金融排除具有明显的地理倾向性,偏远的低收入地区的银行网点常常容易被撤出和关闭,同时也体现了银行成本管理和获利空间变化的过程。通过进一步的研究表明,这些低收入偏远地区主要是农村和落后的乡镇,因为农村相比城市,经济不够发达、收入低、交通不便利是其中的一些原因。但总的来说,收入水平是最关键的因素,收入水平和金融排除之间存在着负相关关系。

随着越来越多的国家和学者对金融排除问题开始关注和研究,研究的重点也慢慢地由地理接触性延展到开始更多地从社会、人文和制度角度来分析了,包括金融排除的复杂过程,金融排除的对象以及金融排除产生的原因等问题。Financial Services Authority(2000)指出,金融排除产生的原因是多方面的,不单是由于金融产品和服务提供的地理改变而引发的地理排除。除收入这一主要因素以外，还包括社会阶层、受教育程度、工作行业和状态、住房情况，甚至还包括性别和年龄等重要因素。总的来讲，后期对金融排除的研究更加深入、系统和完善。对金融排除的对象研究不再停留在个体层面，一些中小企业和某些区域也进入了研究者的视野，更多的社会化因素也被加以考量。金融排除的人文指向性在一定程度上体现了金融发展理论的主要思想，即关注事件特征、影响因素以及产生机理等系列方面。

（3）金融排除产生的影响

①区域金融沙漠化。金融排除产生的结果从地区上来看就是金融沙漠化。对于一些相对偏远和贫困的地区，由于缺乏基本的基础设施以及当地居民对金融知识和技能的欠缺，金融机构常常采取风险回避策略，对这类地区减少甚至是不予提供相应的金融产品和服务，这进一步恶化了这些地区的金融生态和金融环境，造成了金融沙漠化。区域金融沙漠化以后又会反过来产生许多问题，导致区域经济社会发展受到限制。比如贫困、负债过度以及人才和资源流失等一系列问题出现，从而造成金融发展差距扩大化，区域经济发展愈发不均衡等。

②贫困放大效应。银行业常常“嫌贫爱富”。被金融体系排除的群体往往是那些低收入的弱势群体，本来抵御风险的能力就比较差，而且金融排除的存在使得他们获取金融产品和服务时壁垒林立。比如购房贷款申请受限，信用支付额度低，消费贷款困难重重等，这会进一步加剧他们应付日常生活的困难，一旦生产和生活中发生风险事故造成人身伤亡和财产损失，在没有保险保障的情况下，需要动用其他方面的资金来应付风险损失，从而使得企业生产和家庭生活水平进一步下降，贫困效应被进一步放大。

③对非正规金融的需求增大。金融排除还会产生另外一个结果，那

就是当人们被正规金融机构如商业银行所排除时,就会转而求助于一些非正规金融。从许多实际观察来看,正规金融机构的排除程度越高,被排除者对非正规金融产品和服务的需求就会越大。尽管非正规金融与正规金融的服务对象不同,但其对正规金融的排挤也是客观存在的。另外,虽然非正规金融对一个社会的经济发展发挥了一定的作用,尽管它的存在具有一定的客观性和合理性,但是它对社会经济造成的负面影响也是不容忽视的,而且其主体身份非合法性也是一个问题。

3. 保险排除理论

保险是金融的一个重要组成部分,因此很多学者将保险排除看作金融排除的一个部分,将保险产品的排除作为现象进行描述。英国的一些机构在 1998 年对英国家庭金融排除情况进行了调查,调查结果发现英国家庭在不同程度上都存在着保险排除的情况。1999 年和 2000 年英国学者安德烈斯·塞布勒(Andreas Cebulla)指出英国广泛存在的失业保险排除主要来自两个方向的原因。一是由于保险市场天然存在的道德风险和逆选择的情况,使得保险机构在风险评估时产生了评估排除。另一方面就是来自于人们由于疏忽、无知和侥幸心理等主观风险意识不足而导致的自我排除。安德烈斯·塞布勒还认为不同国家影响失业保险排除的因素各不相同,比如英国的保险排除的主要因素是人们对自己的工作前景持有高度乐观的态度而使得人们对保险的需求减弱从而产生了保险排除,而在法国则是由于该国有完善的保障体系而造成了保险排除。之所以有如此明显的差异也还由于不同经济社会的文化、体制背景不同而造成。澳大利亚曾对 50000 名澳大利亚成年人进行了调查,调查显示,没有住房的人群保险排除的情况更明显。

来自多个国家的调查和研究都在指向同样的一个问题:保险排除现象确实存在,在有些国家和地区甚至是非常突出的。保险排除与金融排除是密不可分且相互影响的，保险排除的存在是实现普惠性金融体系的重要制约因素，同时遭受保险排除的对象恰恰又是最易遭受社会排除的群体。

（1）保险排除的表现

①地理排除。地理排除常常是指由于空间距离偏远而使得一些人群无法获得保险产品和服务的现象。保险公司是市场上的企业，企业经营追求的最根本目标就是利润最大化，即尽可能地以最小的成本获取最大的收益。在一些地理位置偏远、人口稀少地区由于缺乏便利的交通、电力和网络通讯条件，保险公司如果在这里设立分支机构常常可能难以保证正常的业务运营，因此保险公司就会倾向于在这类地区少设甚至不设立分支机构。这样一来，这类地区即便是有一定的保险需求，由于保险业务办理存在困难，保险消费者实际上也就被排除了。这就是因为服务网点少而产生的保险排除，且一个地区的保险排除程度通常与该地区保险机构服务网点的多少呈负相关的关系。

②评估排除。由于道德风险和逆选择的广泛存在，保险公司在一笔业务签发保单前都要对投保人和被保险人进行审核。对一些特别的业务还要针对投保人和被保险人进行专门的风险评估，限制或拒绝对一些高风险单位给予承保，这就是因风险评估而产生的保险排除。保险人通过风险评估的手段对投保方予以保险进入限制，目的是为了剔除高风险个体，提高保险公司的安全性、降低风险性从而保证保险公司的偿付能力。

③条件排除。同样是出于对道德风险的防范，一些保险企业会在其提供的保险产品条款中附加一些履行保险合同和赔偿的额外条件。由于这些条件有时候存在一定的不合理性，使得保险人在防范了一些人的道德风险的同时也将有些合理的保险需求排除了。

④价格排除。很多保险产品的价格在一个国家范围内基本上都是统

一的，特别是对于总分公司制的国家尤其如此。中国的保险公司就采用的总分公司制度，在这样的制度下，大多数保险产品都是由总公司设计并制定基本统一的价格在全国范围内销售。但是不同地区的经济发展和收入水平不均等，因此统一的保险产品价格可能超过一些收入较低的地区和人群的购买能力，其结果就是这些人只能放弃购买这些超过自己支付能力的保险产品，从而形成了保险价格排除。引起这种保险价格排除的主要原因是经济和收入因素。如果保险企业能够设计各种价格不同的系列保险产品，可能会消除一部分保险排除。

⑤营销排除。每一家保险公司都有自己的市场目标和营销策略选择，在选择的过程中会将某些消费群体排除在外。另外，保险公司为了销售自己的保险产品，需要雇用相当数量的保险营销人员对其产品和服务进行主动营销。保险营销人员又会结合自己的具体情况选择营销对象。在这样的过程中保险公司在实现其市场目标的同时也排除了一部分潜在的保险消费群体。

⑥自我排除。顾名思义，自我排除就是指有些人自己主动将保险产品和服务排除在自己的购买计划外，而反过来产生的保险排除。这一排除常常是源于被排除主体对保险的认识态度、文化程度、自身的经历甚至是某种传统或宗教文化和心理观念等主观因素，从而产生的对保险的拒绝、排斥和消极应对的态度。

(2)保险排除的影响因素

①收入及住房状况。从国内外的研究来看保险排除最重要的因素就是家庭收入，在中国社会中住房状况也是保险排除的另一个非常的重要因素。人们的需求大致是多层次、分先后顺序的。通常总是先满足了生理需求之后才会考虑安全的需求，进而才会考虑情感、尊重和自我实现等更高层次的需求。保险产品是未雨绸缪，今天为明天的安全考虑的事情，

属于第二层次的需求范畴,人们只有在现期的基本生存需求得到满足之后才有可能考虑购买保险消费。当家庭收入仅仅能够维持基本生活开支时,保险产品和服务就自然不在考虑范围内了。在中国社会还有一个特有的观念就是人们把拥有自己的住房看得特别重要。中国的老百姓甚至省吃俭用也要购买自己的住房,即便是房价高企也不能够抑制多少人们对住房的购买需求。以此,在中国家庭中住房状况对保险排除的影响也非常明显。

②年龄。年龄因素在保险特别是人寿保险中的排除作用非常明显。年轻的消费者通常很少考虑购买保险,但是随着年龄的增大人们购买保险的数量会显著增加。当然对于不同的保险产品其影响程度也呈现出不同的趋势。比如年轻人对失业保险和意外伤害保险购买的比例较高,中年人对于养老保险和疾病保险产品购买的更多一些。

③性别。尽管性别对保险排除的影响在理论界一直存在争议,但是许多人认为风险厌恶型的女性居多,所以相对来讲要比男性更具有风险规避的意识。还有一些人认为正是因为女性具有比较强烈的风险规避意识,所以更容易受到保险产品排斥。

④教育水平。受教育水平的高低是决定保险消费的一个重要因素。人们的理性认知能力与受教育程度的高低密切相关,受教育水平越高理性认知能力就越强,反之就越低。受教育水平低还会更多地受到一些迷信和传统观念的影响。特别在中国传统观念中对于保险这一“舶来品”普遍存在着一定程度的抵触思想,而现代教育则能够帮助人们消除一些对于保险的抵触态度,减少部分保险排除。华纳智博公司曾经做过一项关于中国居民人身保险市场的城市调研,调研结果显示,消费者的保险意识与受教育程度有较高的正相关性,学历较高人群所持有的保单数量也相对高于学历较低人群。

⑤地理位置。英国学者对这一方面的研究较多。FSA(2000)的一项研究表明,英格兰和威尔士的保险排除相对较高,在这些地区内部也存在着一定差异。在中国按照一般的观察也存在着比较明显的地理差异,西部和中部一些老、少、边、穷、远地区和东部沿海地区相比,无论是从保险机构的数量还是居民购买保险的数量都呈现出明显的保险排除现象。当然这可能是综合因素作用的结果,但是地理位置本身就决定了经济社会文化发展的综合结果。

(3)保险排除产生的原因

①信息不对称。在保险市场中信息不对称的集中表现就是道德风险和逆向选择。通常情况下,保险人对于具体保险标的的了解总是没有投保人或被保险人了解得多。所以在保险市场上,保险公司希望客户的风险越低越好,但是来自于投保方的意愿是,风险越低的人越不倾向于购买保险,而购买保险的人常常是那些风险非常高的人。当低风险的人群投保数量少而高风险人群投保数量多时,保险事故发生率和损失率就会提高,保险公司也终将提高保险产品价格,价格提高后又会将更多的风险相对低的人群排除在保险之外。如此便呈现出非良性循环,风险低的人群保险公司愿意接受但其投保欲望不强烈,风险高的人群保险公司不愿意接受但其投保欲望却很强烈,最后保险排除越来越多。

保险公司在承保后还会担心投保方的道德风险。保险人担心投保人在购买保险产品后就会对保险标的疏于照顾进而导致风险增加。经济学理论告诉我们,消费者通常总是更加注重短期收益而忽略长期收益;总是更加注重有形的收益而忽略无形的收益。一部分投保人在购买了保险产品以后会产生一种"索取回报"的心理。这种心理当然不希望通过保险事件的发生而获取保险收益,因此"索取回报"的途径就容易变成通过保险欺诈的手段而取得。对于道德风险的防范是非常复杂而困难的。鉴于此,保险人常常采取谨慎原则,将一部分“可疑”的投保人排除在外。

另外一种信息不对称是技术性的,常常表现在保险条款的复杂、专业和晦涩难懂上。保险经济关系是通过保险合同确立的,它的背后既有专业的法律内容,更有复杂的经济和精算技术支持。对于普通消费者而言,很难读懂全部的保险条款,更勿论保险赔偿、给付和费率厘定等。人们总是更愿意和自己熟悉的事物打交道,对于陌生的事物存在心理上的不安全感和不信任感。这种情况下,如果保险营销员又不能够做出令客户信服的解释和说明,潜在的投保人就很容易选择放弃,从而产生保险排除。因此保险条款通俗化也是减少保险排除的重要方面。

②企业利润最大化的追求。市场经济中追求利润最大化是厂商的天然属性,要求厂商一方面要降低产品的成本,同时还要提高产品收益。现代保险市场竞争不断加剧,很多保险企业为了降低成本,陆续减少或关闭边远地区的分支机构。在保险产品开发方面偏向于研发服务高端客户,盈利率较高的险种;那些能够满足低收入人群需要,营利性低的产品不断被淘汰,低端人群也不断被排除。在人寿保险中增加了很多理财型的险种,纯保障型的险种减少;农业保险中的许多险种保险公司经营缺乏热情等都是上述情况的体现。长此以往,如果保险企业过于趋利,不能完全履行企业的社会责任,则不利于现代保险功能的发挥,最终也不利于保险产业的长远发展。

③消费者的主观风险态度。保险排除并不完全来自保险机构,来自消费者的保险排除也有许多。消费者心理十分复杂,影响消费的因素众多。投保人的职业经历、文化程度、家庭观念、生活背景甚至民族宗教信仰等都会对人们购买保险商品有着决定性的影响。一部分经历过失业的人们常对失业保险更加排斥。这可能解释为他们对失业的状态已经习以为常,不再认为是多大的风险;也可以解释为经历过失业,他们已经有了

足够的准备，有信心再次找到工作，这是对自己工作能力的肯定。还有一些消费者源于家庭观念和迷信等原因，在尚未真正了解保险实质前，仅凭主观臆想和猜测认为保险是不吉利的东西，购买了保险产品会给其心理带来阴影，从而产生保险排除。

④信息技术和互联网技术的广泛应用。中国在市场经济制度确立以前保险业属于“官商”，谈不上市场销售，1992 年市场经济建立以后保险业也引进了新的保险销售方式，保险公司采取人海战术，通过保险营销员主动走去上门服务的方式，将保险产品特别是寿险产品直接销售给消费者，甚至采取同样的方式由保险营销员直接收取保费。这种模式尽管给保险业带来了巨大的保费收入，但是弊端也很多。近些年，随着保险财务制度的日趋完善，电子信息技术和互联网的普及，绝大多数的保险公司已经不使用此类服务方式了。对于那些地处偏远的地区的客户群体更是进一步被营销排除。一些文化程度低、年龄大、身体有残疾的人们再也无法通过这种直接营销的方式获得基本的保险服务了。

（4）保险排除的经济社会影响

①对于个人和家庭的影响。保险排除产生后最直接的影响就是个人和家庭的财务稳定性减弱和焦虑情绪增加。由于被保险排除，尽管可以节省少量的保险费支出，但是当保险事件一旦发生就会带来大额的经济损失和财务支出，个人和家庭因此可能陷入困顿。保险排除的很多弱势群体常生活在某些风险比较高的地区。所在区域盗窃、火灾等潜在风险损失高，医疗卫生条件差，这些人面临风险却没有相应的保险提供保护，可选择的权利又可能受到限制。如果家庭主要经济支柱成员死亡、失去经济能力甚至生病需要高额医疗费用时，家庭便要举债生活或者依靠政府和社会救济。如果国家不能够建立完善的、覆盖全面的社会保障体系，就会使这类家庭生活失去保障、焦虑情绪增加，家庭和谐荡然无存。

②保险排除会扩大社会排除的后果,加剧社会两极分化。保险排除的群体常常是那些最不能承受风险的人群。他们往往处于社会底层或劣势地位,所面临的各种经济风险和自然风险没有能够通过购买保险产品的方式来降低,导致其承受的风险问题往往会愈演愈烈。这样会进一步引发经济主体的金融风险和其他经济风险问题,并且可能会越来越严重。

③引发地区间保险发展不均衡。保险排除发生的地区不是孤立的,常常呈现出一定的地理空间上的集聚效应。通俗的来讲就是保险排除程度越严重的地区周围也往往是保险排除程度较高的地区。在其他社会经济条件不变的情况下,一个地区的风险,主要指失业风险经常会分散到邻近地区并产生相关影响。这种增加了的失业风险不仅会对邻近地区当时的经济社会条件,譬如产业发展、劳动力引进以及社会治安等有所恶化,还可能威胁到未来区域经济和社会发展前景。

(二)区域保险发展假说理论

1. 区域保险发展S型假说

(1)区域保险发展S型假说的起源

区域保险发展"S"型假说这一理论最早是在1996年由瑞斯托·劳拉詹南在《金融地理学》中引用了SIGMA中的研究成果,探讨了保险深度和人均GDP之间的关系并提出了"S"型发展趋势的理论。该理论认为保险深度和人均GDP之间存在着一种大致呈"S"型的回归关系。SIGMA杂志的实证分析显示保险深度大约开始于200至300美元,此后以较快的速度增长至8000至9000美元处时会有一个拐点,拐点以后增长速度放慢,大约达到25000美元时停止增长。

(2)区域保险发展S型假说的五个阶段

区域保险发展"S"型假说理论将区域保险业划分成五个发展阶段,如图1-1所示。

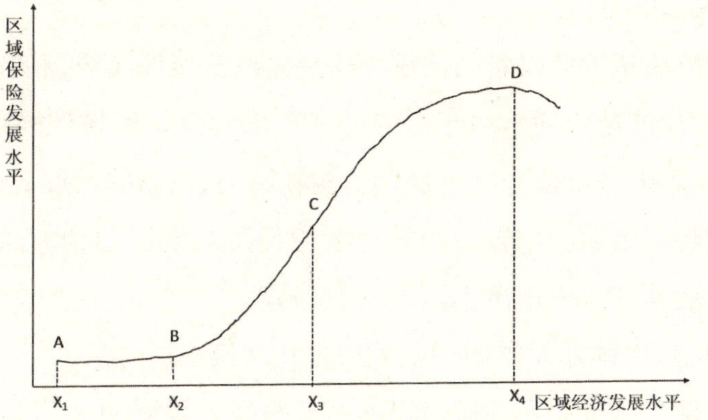

图 1-1　区域保险发展“S”型理论

第一个阶段是 AX_1 以左的区域。当经济发展水平低于 X_1 时，区域经济非常落后，居民生活停留在温饱阶段，收入水平低，没有多余的支付能力购买保险，保险供给也往往缺乏，潜在的保险需求无法转化成为现实保险需求，区域保险业基本空白。

第二阶段是 AX_1 至 BX_2 区域。这一阶段由于经济发展水平缓慢提高，居民开始有了一定的财富积累，一部分潜在的保险需求得以转化为现实需求，区域保险业缓慢发展，但由于财富总量的限制，以及人们的风险意识和对待保险的态度还没有完全转化，保险供给也十分寥寥，区域保险业仍然非常落后。

第三阶段是 BX_2 至 CX_3 区域。这一阶段由于经济快速发展，区域保险业水平也呈现出快速发展的态势。居民收入和财富都有较大幅度的增加，人们的风险意识大大增强，保险需求得到有效激发，保险供给快速增加，区域保险业迎来快速发展时期。

第四阶段是 CX_3 至 DX_4 区域。这一阶段发展水平上升到了发达阶段，居民收入水平进入高收入行列，区域保险业进入成熟阶段。保险发展经过拐点 C 以后，区域保险业发展速度逐渐放缓，保险市场逐步趋于完善成熟。

第五阶段是 DX_4以右的区域。这一阶段区域保险业发展速度不再增加，经济发展的速度通常高于保险业发展的速度。区域保险业此时进入转型阶段，为下一阶段的新发展储备内在动力，当新的发展契机出现后区域保险业将开始新的增长。当然伴随着保险业发展驱动力的不同，未来区域保险业发展也表现出不同的发展趋势。

（3）区域保险业发展周期及发展方式转换

区域保险业按照上述假说以 S 型的路径发展到 D 点以后，区域保险业发展达到了最高水平后将面临再一次的发展选择。第一种情况是随着区域保险业发展的动力因素逐渐被消化吸收，区域保险业的发展开始呈现下降的趋势。即区域保险发展钟型假说中所描述的钟型走势。第二种情况是尽管区域保险业发展动力减弱，但是区域保险业已经发展到了一个很高的水平，已经走向"大道"，并将沿着该"大道"平稳发展下去。这类似于发展经济学理论中比喻的"汽车经济"。第三种情况是指当区域保险发展到 D 点以后，虽然原来的保险业发展的动力因素逐渐被消化吸收而消失，但是在此过程中新的区域保险业增长因素又被培育出来，通过新旧发展动力转换使得 D 点成为一个新的起点，从而使区域保险业进入新一轮 S 型发展周期。

新一轮区域保险业发展周期的动力首先来自外部驱动，随后外部动力驱动刺激内部动力，从而实现区域保险发展驱动力转换，最终形成新一轮区域保险业 S 型发展周期。如此周而复始。没有一定的外部驱动力，区域保险业很难进入新的发展周期。外部驱动力主要来源于国家宏观经济环境和产业发展政策和制度。区域经济政策也是区域保险业持续、健康发展的有利驱动力。

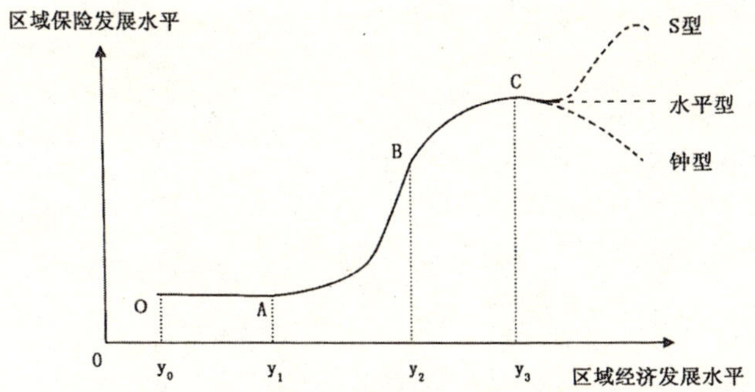

图 1-2 区域保险发展周期及发展方式转换

区域保险发展假说的“S”型曲线是对保险业发展路径的一般描述。从消费者行为来看,它符合人们对待风险的态度随着拥有财富量变化而变化的行为方式。在财富水平较低时人们属于风险偏好型,不倾向于购买保险产品。随着人们的收入水平提高,财富积累逐渐增加时人们对待风险态度就渐渐地演变为风险厌恶型,从而产生购买保险产品的需求。但财富的增长并不总是伴随着保险需求的增长。财富积累增多给消费者带来了更多的处理风险的方式,所以降低了保险需求增长的速度。从社会角度来看,对于不同的经济社会因其具体背景等影响因素不同曲线形状也有所不同。一般认为,在众多影响因素中社会经济发展水平对区域保险发展的影响比较大。根据观察,经济落后地区的“S”型曲线要比经济发达地区的更加扁平一些。因此,在不同的国家和地区的保险业发展也表现不同程度的差异。

(三)区域保险发展倒 U 型假说

区域保险发展 S 型假说理论描述的是区域保险业发展的一般路径和态势。不同地区由于自然地理条件、资源禀赋优势、社会经济发展水平、文化背景和传统都有所不同,区域保险业发展并不同步,其发展路径中的 S 型形状也呈现出较大的差异性。对于这些差异,区域保险发展倒 U 型假说可能更能够反映其中的差异特点。

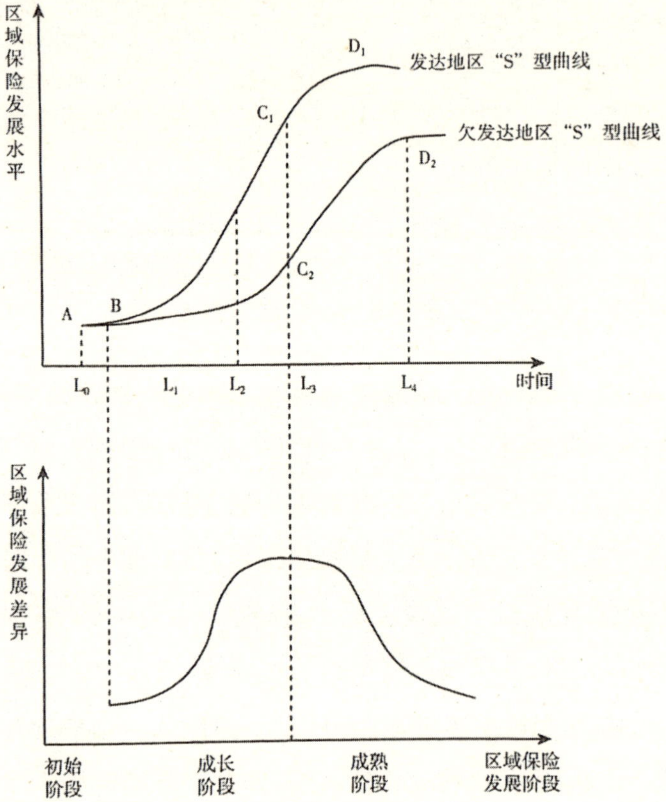

图 1-3 区域保险发展倒"U"型曲线

如图 1-3 所示，图中上半部分稍高的 S 型曲线 ABC_1D_1描述的是发达地区保险业发展状况，稍低的 S 型曲线 ABC_2D_2描述的是欠发达地区保险业发展状况。在发达地区，由于经济发展较快，社会发展程度高，该地区保险业发展从 AL_0开始，以比较快的速度经历了较低水平的发展阶段，即从 A 到 B 的区间。而后很快进入快速发展阶段，即图中从 B 到 L_2的区间。此后仍然以较快的速度进入成熟阶段，即 L_2到 D_1的区间。从开始发展到成熟阶段完成一个 S 型周期所用的时间较短。欠发达地区的 S 型曲

线 ABC_2D_2 就相对平缓许多，所经历的时间也比较长。开始发展阶段同发达地区相同，从 AL_0 开始，需要经过较长的时间才能完成发展速度转换，即图中欠发达地区 S 型曲线所对应的 L_0 至 L_2 的区间。此后才能进入快速增长的发展阶段，落后地区的后发优势得以显现，在达到成熟阶段后同发达地区的差距逐步缩小。

由于地区差异的存在，因此上述两类地区保险业发展路径也呈现出不同程度的差异。在保险业发展初始阶段，两个地区发展差距并不明显，几乎是在同一水平，但是随着发达地区的快速发展，两个地区之间的差距越来越大。表现在图中成长阶段区间内两个地区 S 型曲线的垂直距离随着时间的推移越来越远，直到 L_3 时达到最大，差距为 C_1 至 C_2。此时，图 1-3中下半部分表现区域保险发展差异的钟型曲线也达到最大峰值。之后，发达地区的发展速度放缓，欠发达地区在后发优势的作用下继续快速发展，区域间保险业发展差距不断缩小，最终实现同步发展。

区域保险发展倒 U 型假说表明不同区域间保险业发展差异最终会趋同。各个地区保险业在发展的过程中，大致按照 S 型曲线各自发展，受到各种因素的影响，其发展路径并不完全一致，但最终的发展差距会逐渐缩小，保险业发展步伐也逐渐趋同。当然，强求区域间保险业发展绝对平衡既不客观也不科学，实现区域保险与区域经济发展相适应的相对均衡是理想和现实的目标。

三、现代保险社会管理功能

（一）现代保险社会管理功能的历史演进

1. 国外对于保险功能的认识

工业革命以前，保险功能更多体现为保险关系人之间的互助性，工业革命以后，保险的社会管理功能才逐渐被人们认识。从公元前 3000 多年到14世纪以前被认为是保险产生的萌芽时期，在地中海沿岸一带出现了著名的“一人为众、众为一人”的共同海损原则，这为近代保险制度奠定了重要的理论基础，并且在现代海上保险依然沿用。进入14世纪中期，在威尼斯、佛罗伦萨等地，出现了真正意义上的海上保险，尤其以专门格式的保险单开始为标志，伴随大量专门从事保险经营的机构的出现，海上保险解决了海上贸易和海上运输过程中发生的物质损失的补偿问题。在一定意义上也对于资金融通和海上贸易的开拓起到重要作用。虽然这一时期保险具有了一定的“互助性”功能，但受它的范围和能力的制约，还没有体现真正意义上的社会管理功能。

进入工业革命后，尤其是以1666年伦敦大火为契机，保险的社会管理功能得到了人们的认可和发展。这场突如其来的大火将伦敦城的80%的建筑摧毁，直接经济损失达千万英镑以上，20多万居民无家可归。这时一个叫巴蓬的牙医创立了一个名为“火灾保险商行”的保险公司，揭开了火灾保险及财产保险的历史。正是这个事件改变了人们对保险功能的单一功能认识论，开始把保险和各种风险相联系，并与各种风险带来的社会问题相联系，保险开始逐渐参与风险分担、社会管理的职能。等到了18世纪末至19世纪中叶，工业革命带来的社会财富越来越集中在少数人手中，躲避风险成为资产阶级攫取超额利润的要务，而保险作为管理风险的手段则得到了极大发展。进入今天保险遍布全球的各个角落，渗透到社会的各个领域，与人类生活开始息息相关，越来越多的承担社会管理功能。

2. 中国对于保险社会管理功能的认识

（1）古代和近代对保险功能的朴素认识。中国古代民间商业保险的萌芽主要集中在货物运输方面，其宗旨是风险分散，损失共担，这在一定程度上体现了保险经济补偿的基本原则。但由于封建社会是以农业经济为主导,它的发展也只能局限于此了。在中国近代时期,虽然保险业有了长足发展,但由于特殊的历史原因,就保险功能而言,与同时期国外保险业已经具有的风险保障、资金融通和社会管理三大功能相比,还没有真正显现,保险发挥的经济补偿功能也十分有限。

(2)20 世纪 80 年代前,对保险功能的认识主要表现为经济补偿功能。1949 年至 1958 年 10 年间,保险业对中国经济建设起到了较大的推动作用。之后,保险业几经波折,对保险功能的认识也几经反复,可是对于保险的经济补偿功能却得到了保险界的普遍的共识,但终因特殊的历史原因使得保险业本应发挥得更多功能受到了抑制。

(3)20 世纪 90 年代后,认识到保险的资金融通功能。进入 20 世纪 90 年代后,中国经济随着改革开放的快速发展,保险的资金融通功能也进一步得到加强。通过对资金的积聚和运用,一方面使保险公司获取了持续的商业利润,同时也推动了资本市场的发展和完善,对化解金融风险,优化金融资源配置都起到极大的作用。尤其在推动资本市场的健康发展,满足资金安全性、流动性和收益性等方面更是功不可没。

(4)进入新世纪后,保险的社会管理功能逐渐被人们认识。可以说,只有到了这个时期中国保险业才真正开始走上一个脱离波折和干扰的全面发展阶段,不论保险业的规模,还是它承担的功能都达到了一个历史的新高度,并不断攀升。就其功能而言,在以 1998 年特大“洪灾”、2003 年“非典”和 2005 年“禽流感”为典型,保险的社会管理功能在这些重大国家公共安全事件中扮演了极其重要的角色,这些事件反过来又促进了保险业的发展。保险作为一种经济保障制度和维护社会稳定的工具已经开始被人们所接受,保险的社会管理功能进一步加强。保险界也真正认识到了研究保险的社会管理功能具有重大的现实意义。2003 年,中国保监会吴定富主席提出现代保险具有风险保障、资金融通和社会管理三大功能,并号召保险界充分研究挖掘保险功能,为构建社会主义和谐社会服务。

(二)发挥现代保险社会管理功能的现实要求和必要条件

1. 发挥保险社会管理功能的现实要求及意义

当前,我国保险界对于保险发挥社会管理功能给予了足够的重视,甚至一度希望它能够超越政府,成为另一股社会管理的中坚力量,从而加快实现和谐社会的进程。这从一个侧面反映了人们对于保险承担更多社会管理功能有着巨大的期望和潜在的需求,同时也是现阶段社会的现实要求。

(1)中国社会特有的人口经济周期对保险社会管理功能提出了更高的要求。其一是老龄化,中国已有16%的人口步入老年,直接产生了社会保障和养老金支出问题,进而是社保基金的筹集问题,最根本的是社会管理的保障功能;其二,新一代崛起为社会主要群体。他们承担着社会和家庭的主要责任。他们不时地面临着各种风险的威胁,诸如失业、疾病、意外事故等。作为家庭主要经济支柱,无论他们遭受什么风险,都会影响到整个家庭的生活水平。但是,我国的保险业在这些功能上却存在着先天不足。一方面,我国社会保障体系仍不健全。另一方面,我国寿险的发展还未从根本上改变居民通过储蓄养老的习惯,对整个社会资金的调整、分流功能仍未充分实现。这些中国特殊的人口经济周期是保险发挥社会管理功能的重要动因。

(2)未来社会可能存在的不稳定因素对保险发挥社会管理功能的需求更为迫切。首先在社会发展领域。社会差别拉大可能导致社会危机,包括地区差别、城乡差别和贫富差别的扩大、中产阶级的成长及其对权利的要求、少数民族地区的冲突等等。这些因素可能导致中国整个社会体系的脆弱性增强。其次在经济领域。“三农”问题和就业问题是两个大问题，尤其农民工，作为当前社会的一个特殊阶层在整个社会领域中面临着缺乏就业、基本社会保障、平等的教育和公共服务等机会。解决不好可能会引发严重的社会不稳定。最后在国家公共安全和政治危机领域。“非典”带给中国的考验是始料不及的，在日益恶化的自然环境和得不到改善的公共卫生状况的条件下，可能发生在以后的不确定的环境危机和公共卫生事件给中国带来的损失是很难估测的。另一个不可估测的冲突可能就是战争。由现实的严峻形势引发的对未来战争的担忧已经是不争的事实。而战争一旦发生，它给社会带来的冲击将是巨大的。

2. 强化意识，创新理论，为发挥好保险社会管理功能，共建和谐社会创造外部环境和条件

科学的保险理论是指引保险事业发展的根本保证。从我国保险业发展历程来看，凡是有正确的保险理论做指导，保险业的发展形势就比较好，对经济社会发展的贡献就比较大；反之，就会出现比较大的问题，甚至是倒退。长期以来，我国保险界对于现代保险功能的认识大多局限于经济补偿和资金融通功能，对于保险的社会管理功能则没有得到人们的认识。如上所述，2003 年中国保监会吴定富主席提出了保险具有社会管理功能的论述。这一论述的提出完整了保险功能理论体系，这一重大理论创新正在改变我国长期存在的认识落后于实践的现状。

深化保险功能的认识，不仅将为保险业创新产品和服务、拓宽新的发展领域提供重要的理论依据，同时也将有利于促进国民经济发展，维护社会稳定，提高民众生活水平。充分研究和挖掘现代保险功能，以保险功能的理论创新带动保险制度创新和产品服务创新，使保险业在更深层次和更广领域上参与到国民经济和社会发展的全局工作中去。这些问题既是理论问题，又是当前保险业改革发展面对的实际问题。保险学术界、保险业界及其他社会各界都应当积极参与保险理论研究，不断丰富和充实现

代保险理论，共同参与推动我国保险理论创新和实践发展，为发挥好保险社会管理功能，共建和谐社会创造条件。

（三）现代保险社会管理功能实现的重要途径

1. 补充和完善社会保障体系

目前，我国虽然确立了三大支柱社会保障体系的基本框架，但从运行的情况看，仍然明显存在保障面过窄，保障力度不够等问题。近年来现行基本养老保险支付缺口越来越大。造成这种状况的一个重要原因就是我国社会保障体系过分依赖国家财政，而通过商业化手段，发挥企业和个人在社会保障体系建设中的作用则明显不足。今后商业保险可以在这几个方面充分发挥作用，实现现代保险的社会管理功能。第一，通过商业保险完善社会保障制度。通过大力发展企业年金、补充医疗等交费低、覆盖广、利润薄的团体保险以及个人付费的商业保险，尤其应加大寿险业的全面开发，不但能向农村居民、城市私营业主及其雇员、自由职业者等游离于社保体系之外的群体提供保险保障，还能满足社会成员多层次、差异化的保障需求，这对于解决“老龄化”问题是至关重要的。第二，可以利用一定的政府行政力量，推行保费低廉、适合低收入阶层、“弱势”群体以及经济不发达的农村开展强制或者合作保险业务。最终建立起商业保险与社会保险有机结合的社会保障制度。第三，利用行业快速扩张优势，积极创造就业机会，缓解社会就业压力。我国现在已经具有的150万保险营销队伍，就是通过保险业的发展为社会创造了大量的就业与再就业机会，在一定程度上缓解了社会就业压力。保险作为一个快速发展的新型行业，今后还可以创造更多的就业机会和岗位。

2. 积极推进责任保险的发展

责任保险是以被保险人对第三者的民事赔偿责任为标的的保险。责任保险的发展与社会生产和人民生活的关系非常密切，是一种具有很强社会管理功能的保险。发达国家大都建立了完备的责任保险体系，对于缓解社会矛盾，协调社会关系，促进社会的正常运转产生了重要的作用。如产品责任保险、雇主责任保险、职业责任保险及公众责任险、机动车辆第三者责任险等，被保险人一旦出现责任事故，可以通过保险公司很快解决，减少了社会摩擦和冲突，有利于社会运转效率的提高。但是，我国的责任保险却还处在一个相对较低的阶段，责任保险占整个财产险业务的比重仅为5%左右，而在发达国家，这一比重一般都在20%以上，有的高达40%，相对于发达国家，我国还有很大发展空间。积极推进责任保险的步骤应当是：第一，要加强责任保险立法建设，尤其是许多涉及人民群众日常生活、切身利益以及社会稳定的领域，应通过法律规定实行强制保险。第二，要通过加快新型责任保险险种的开发，满足日益多元化的保险产品的需求，这也是实现责任保险社会管理功能的载体所在。第三，通过大力宣传，促使人们尽快树立起责任保险的意识，从而挖掘人们对责任保险更大的潜在需求，为责任保险的社会管理功能发挥提供更大空间。

3. 大力发展农业和农村保险

借鉴国外农业保险发展经验，农业保险首先应由国家给予法律上的支持和政策上的保护。农业保险属于政策性保险，应当直接由政府管理，国家给予经济上的扶持。对于农业保险产品的定位，理论界已经达成共识，认为农业保险产品是准公共物品，可以采取国家财政支持下的政府和企业双头经营的方式从事农业保险和农村人身保险。这样能将长期排斥在社会保障体系外的农民、农村纳入社会保障范围内，对于解决“三农”问题和建设社会主义新农村是至关重要的。在模式选择上，根据中国当前的国情，农业和农村保险应采用自愿保险和强制保险相结合的方式进行，逐步由政府、商业联合承保，承担单项责任的初级农业保险模式向由专业保险机构承保，承担多项责任，甚至是一切责任的高级阶段过渡。

4. 建立公共安全事件应急机制

由于公共安全事件的发生往往具有不确定性、发生后造成破坏大等特性，单纯的采取政府行政力量支援和民间援助的办法，其作用更多的是一种事后的“挽救”。借鉴国外发展的经验，保险作为重要的风险转移工具，应该在“公共事件”的预防和发生中起到重要作用。从中国“非典”疫情的应急处理情况来看，中国保险业初步显现了快速反应能力，履行了保险合同责任，开发了几十个“非典”险种，并开展了主题鲜明的系列公益活动。但是不可否认，与美国保险业在“9·11”事件中的作用相比，中国保险业发挥的分担风险和社会管理的功能十分有限。2003 年的“非典”发生 3 个月，中国保险公司共理赔保险案件 266 起，赔付金额 420 万元；加上各保险公司宣布捐赠的保险或基金，整个保险业为“非典”付出的代价不超过 1 亿元，而“非典”带给中国的损失达 179 亿美元。2008 年初的南方雨雪冰冻灾害中，保险业共赔付大约 50 亿元，占 1500 亿元损失的 3%；2008 年 5 月汶川地震造成的直接经济损失是 8400 多亿元。尽管在那次地震理赔中保险公司基本上按照应赔尽赔的原则，特别实施了取消定点医院限制、放宽身份要求、无保单受理等措施，但是由于灾区投保比例太低，保险业共计赔款大约 18 亿元。这些事件充分反映了我国保险业实际承担的社会功能与其应当承担的相去甚远。因此保监会应尽早制定全行业重大公共安全事件应急机制，并使之与国家的重大突发公共事件应急机制相互衔接配合，更好地发挥保险业的社会管理功能。保险业应积极与相关部门合作，对重大灾害事故和疫情进行监测、预警。保险公司应适当超前地进行产品开发，如对保险公共事件期货、保险公共事件债券等创新产品进行研发；为新的重大风险提供及时的保险保障；在财务上，可以税前提取重大危机备付基金，以便在重大危机到来之际随时预付赔款；在服务上，开通重大危机事件绿色通道，对受害者提供更加简便快捷的理赔服务等。

5. 改善和重塑保险行业信用体系

中国当前保险业发展的重要问题之一就是“卖保险的卖不出保险，买保险的买不到保险”。这其中固然有保险产品供需失衡的问题，但也与保险业自身行业信用体系不健全有着很大关系。最大诚信原则是保险经营所遵循的最基本原则之一，保险要较好地发挥社会管理功能，就必须树立起诚信经营的良好形象，改善和重塑保险行业信用体系。信用体系建设的最主要途径就是信息公开。具体措施有以下几个方面：第一，要推进保险信息化系统建设，全面建立保险业信用记录、保险信息披露和保险监管政务公开制度；第二，要建立保险公司和营销人员的信用记录，努力塑造保险诚信文化；第三，要建立业内制裁制度，督促保险机构强化信息披露，树立起保险业讲信用、负责任的良好社会形象。第四，要在经营过程中，建立完备的信用数据库，从而为社会企业信用管理体系和个人信用管理体系的建立提供信息资料，以有效降低社会信用风险，提高违约失信成本，保证社会与经济的进步和健康发展。

四、保险监管理论分析

（一）保险监管的原因分析

保险监管产生的主要原因在于市场失灵。亚当·斯密在他 1776 年出版的《国富论》中指出：市场就像一只看不见的手，指引着家庭和企业在市场上交易，使资源得到有效配置，从而使社会福利也达到了最大化。这就是说，没有政府干预的完全竞争市场通过市场机制的自发调节就可以使资源得到最优配置。200 多年来，经济学家们一直以此作为经济社会追求的目标。既然如此，政府的任何干预和监管是不是都是多管闲事呢？不是。原因在于，所谓资源的有效配置是建立在严格的完全竞争市场假设条件上的:市场上有大量的买者和卖者;市场上每一个厂商提供的商品都是同质的;所有资源都具有完全的流动性以及信息是完全的。这些假设条件在现实经济社会中很难满足。这就意味着现实中的几乎所有的市场都是处于不完全竞争状态的,具有自然垄断性质的保险市场更是如此。这种不完全竞争状态可能直接导致资源配置失当,即“市场失灵”。当市场失灵的情况发生后,作为对其矫正的政府监管和干预便有存在的理由了。

市场失灵主要有四种情况:垄断、外部影响、公共物品和不完全信息。垄断是保险市场的一个首要表现,保险市场的垄断表现为单个保险公司和少数几家保险公司独占保险市场所形成的完全垄断和寡头垄断。在这样的保险市场中,大公司凭借其强大的实力同弱小公司竞争,短期内可以压低保险产品的价格(保费)使之位于其边际成本之下,以此排挤并迫使其他公司退出市场。当大公司占领并取得了市场垄断地位后再提高价格,使之位于边际成本之上,从而获得了垄断利润,当然也侵占了消费者(被保险人)的消费者剩余。此时,政府通过保险价格管制等方式进行监管,可以保护被保险人的利益,减少因保险市场失灵所带来的社会福利损失。外部影响表现为保险双方的交易行为对他人产生无法补偿的正效应或负效应。当保险双方不履行最大诚信原则,产生保险骗赔等保险欺诈时,会造成全体被保险人和保险人的额外损失。此时,政府对保险进行监管可以有效地防止道德风险和逆选择的发生。信息不完全或不对称导致了保险合同订立和履行的不确定性,也容易诱发交易行为前后的逆选择和道德风险的产生。因此,为了维护保险人的信誉和全体被保险人的利益,保险监管制度中应当建立信息披露制度和偿付能力监管标准。

因此,由“市场失灵”原理出发产生了保险监管社会利益论。这种理论认为监管是政策提供者为满足社会整体利益,用来矫正市场失灵的一种手段,通过监管能够增加社会福利。但社会利益论有两个自身难以解决的问题:一是该理论是一种不完全竞争理论。它提出的对什么时候实施监管的假设是:公众为得到社会福利而产生了监管要求。这显然缺少一个环节,即公众如何把潜在的监管需求转化为现实的监管机制。因为监管是要通过立法行为、司法行为和行政管理行为,并通过一定形式的监管机构来实现的,因而社会利益论在转化为实践操作和制度设计上存在着一定的困难。二是该理论缺乏事实的支持。大量的事实与该理论不符,许多产业被监管既不是由于垄断也不是由于外部效应。理查德·伯斯纳曾指出:经过大约 15 年的理论和实证研究,经济学家得出的结论是监管与外部性的存在、自然垄断市场结构不是正相关的。

基于社会利益论而产生的公众利益论可以用来解释约束保险人行为和稳定保险市场的保险监管工作。公众利益论认为维持保险人的偿付能力符合公众利益,因为如果保险人偿付能力不足,被保险人在遭受损失时就得不到应有的保障,即预先交了保费而没有得到相应的补偿。显然,偿付能力不足将极大地损害公众(投保人和被保险人)的利益,使投保的初衷与最终的结果不相符合。既然保险人的偿付能力与公众利益密切相关,那么,保险监管的最主要的目标就应当是保证保险人的偿付能力充足。为防止保险人偿付能力不足而采取的保险监管措施可以有:要求保险公司提存各种责任准备金;要求保险公司定期接受财务状况检查;要求保险人的主要投资限于低风险证券,等等。公众利益论进一步明确了保险监管的重点和关键,这就在为监管实践提供理论支持的同时,又具有了一定的可操作性和指导性。

公众利益论不能解释被监管行业的有些现象,从而产生了私人利益论。该理论认为监管的存在是为了私人团体的利益,监管者本身也是自私自利的,他们在监管活动中会不断追求政治支持的最大化。私人利益论中最著名的是“捕获论”，该理论认为监管常常遭到被监管业界的“捕获”，为被监管业界服务，从而监管实际上经常是有利于被监管行业的，另外捕获论还认为监管是一场猫逮老鼠的游戏。在这场游戏中监管者和被监管者的水平都得到了提高。捕获论有它的独到之处，其中的一些观点也已被我国保险业的发展所证实。回顾我国保险业的发展历程，监管与被监管的相互作用是促进保险业健康快速发展的主要原因之一，当然也是一些弊端产生的主要原因。

（二）保险监管的有效性分析

以下从保险监管的合理性，主要是保险监管的收益成本比来分析保险监管的有效性。

1. 单投保人单保险人的情况

假定市场上有两个交易者 1 和 2，其风险偏好程度不同，即对于同样的风险，交易者自我定价不同，风险厌恶者会购买保险，而风险中立者则会提供保险。此时他们的期望效用函数：

$$U_i(w-P)=(1-p)U_i(w_i)+pU_i(w_i-q),i=1,2$$

式中 w 为初始财富，p 为损失发生概率，q 为损失程度，P 为交易者自我定价，U(w) 为期望效用函数，是 w 的单调增函数。

经过谈判，保险的交易价格（保险费）为：$P=P_1$。那么，对于交易者 1 来说，有：

$$U_1(w_1-P)=U_1(w_1-P_1)=(1-p)U_1(w_1)+pU_1(w_1-q)$$

对于交易者 2 来说，有：

$$(1-p)U_2(w_2+P)+pU_2(w_2+P-q)=U_2(w_2+P-P_2)>U_2(w_2),$$

$$U_2(w_2+P-P_2)>U_2(w_2)$$

在本次交易中，实现了帕累托改进。

但是在保险合同订立后，保险人将受到激励，用更加冒险的投资策略来持有和管理自己的财富。因为与保险合同订立之前相比,如果投资失败,保险人将丧失保险风险的偿付能力,在风险发生条件下,损失将在投保人和保险人之间分担,而与高风险相伴随的高收益将由保险人独占,从而诱发了道德风险。保险人的这种策略对于投保人是非常不利的,因为保险人的投资一旦失败,投保人的福利状况将会恶化。在信息完全且免费的情况下,作为理性的经济人将可以预知上述情况。为控制这种风险,投保人将在订立保险合同时对此风险作出预先分配。保险合同规定:如果保险人在订立合同后进行风险投资,该投资使得保险人偿付能力不足时,保险合同将取消,保险人将至少退还保费。这样的合同将使投保人处于福利不下降的安全状态。但是,投保人必须在保险合同订立之后对保险人的行为进行连续的监督。保险人在该合同的约束下将不选择高风险投资,否则交易的帕累托改进对他就无法实现,而且将因这种投资带来损害。

2. 单保险人双投保人的情况

假定市场上有一个保险人两个投保人,投保人分别与保险人交易,其风险状况各不相同。前面所提到的信息免费的假设在实际生活中多数情况下是不存在,也就是说保险合同订立后投保人监督保险人的投资和偿付能力是要付出成本的。保险人的偿付能力一方面受到自己投资风险的影响,另一方面还要受到另一个投保人风险状况的影响。这样,对于投保人来说不仅需要监督保险人,还要了解另一投保人的风险状况以决定自己的最优策略。

在双投保人的情况下,当保险人的偿付能力下降到使投保人认为其购买保险所获得的效用水平与不买保险时的效用水平相同时,投保人就可以要求取消合同。此时保险人的临界偿付能力 $w_3>q_1$, $w_3>q_2$ 但 $w_3<q_1+q_2$这样就有:

$(1-p_1)U_1(w_1)+p_1U_1(w_1-q_1)=(1-p_2)U_1(w_1-P_1)+p_2[(1-p_1)U_1(w_1-P_1)+p_1U_1(w_1-q_1-P_1+w_3-q_2)]$

解得：$w_3=w_3(p_1,q_1,p_2,q_2,P_1,w_1)$

这意味着，在有两个投保人的条件下触发取消保险合同的临界偿付能力水平不但依赖于投保人1的自身状况 p_1,q_1,w_1,P_1，还取决于投保人2的状况 p_2,q_2。这样，投保人1就需要同时监督保险人和投保人2的状况。对投保人2来说，情况相同，也需要进行两方面的监督。假定监督一个经济人的成本为1，则上述市场的总监督成本为4。

3. 多投保人和保险人的情况

当市场上有n个投保人，m个保险人，假定市场份额被均分，那么总监督成本为：$m(n/m)^2=n^2/m$。

如果引入政府监督，则政府同时监督n个投保人m个保险人，其监督成本为n+m。显然，只要当 $n>(1+\sqrt{5})m/2$ 时（这里n和m均取自然数），n+m一定小于 $m(n/m)^2=n^2/m$。这意味着投保人的数量要大于保险人的数量达到一定范围时，政府对保险业进行监管可以节约交易成本，且投保人的数量越多交易成本的节约就越巨大。这个假设与现实市场的情况是完全吻合的。这样政府监管的合理性从理论上和实践上均得到证明。

（三）保险监管模式分析

由于各国家国情传统和现实变革的不同，在实践中，各国保险监管模式的选择也呈现出很大的差异。根据监管的侧重点和严格程度不同，可以分为三种模式。

1. 公示主义

这是保险监管中最为宽松的一种模式。这种模式国家只对保险业进行以偿付能力为中心的监管，对保险企业实体不加任何直接监管，只把保险业的资产负债、经营结果以及其他有关事项予以公布。对于保险机构的组织，险种的设计、资金的运用由保险人自主确定，政府不做过度干预。保险业务的实质及其优劣则由被保险人和社会公众自己判断。该模式的优点是保险业经营环境自由宽松，有利于保险产品的多样化和保险公司个性的充分发挥。缺点是对信息披露程度要求很高。信息一旦不完全，公众对于本来就不易准确掌握的保险产品的优劣和保险公司经营业绩好坏的判断就无能为力了，从而损害了众多被保险人的利益，违背了保险监管的初衷。推行这种监管模式要求经济市场化、制度化程度很高，特别是要求保险人要有健全的内控机制，良好的信用意识和职业道德；对于公众要有较高的文化水准和参与意识，有能力对保险公司及其产品进行优劣判断。英国是公式主义的典型代表，这与英国老牌资本主义（市场经济）国家的历史和经济自由主义的思想渊源不可分割。

2. 批准主义

这是一种严格的监管模式，是指国家通过立法明确规定保险企业的设立、经营、清算等各种监管制度。政府的保险监管机构根据法律规定和赋予的权力，对保险市场包括保险机构的设立、保险企业的市场行为、保险产品及其价格、偿付能力和资金运用等进行全面的具体的监管。推行这种模式，国家保险监管机关具有较大的权威和权力。在保险企业创设时，必须经过政府审核批准，发放许可证；经营开始后，在财务、业务等方面进行有效的监管；破产清算时，仍予以监管。这种模式的特点在于：当市场机制不完备时，为保护被保险人的利益，政府凭借其特殊的地位，对保险业进行监督，以此弥补投保人和被保险人在信息享有上的劣势。但是这样做的一个直接后果便是限制了保险企业的创造力，产品差异性减小，不能完全满足消费者效用满足的多样性。同时，由于严格限制，致使保险投资渠道变窄，不利于防范和化解随时可能出现的新风险，保险企业偿付能力减弱甚至不足,从长期来看是不稳定和低效率的。美国是这一模式的典型代表,这源于美国崇尚个人自由、强调消费者主权的价值观念。严格监管保护了被保险人的利益。不过,由于美国具有健全的制度约束,近年来有放松监管的趋势。

3. 准则主义

这是个折中的监管方式,这种方式以偿付能力监管为核心,兼顾市场行为监管,由政府规定保险业经营的一定准则,要求保险业共同遵守。政府只对保险经营的重大方面如最低资本额的要求、资产负债表的审查、法定公布事项的主要内容等作明确规定,但监管机构仍然可以强迫保险公司修改或撤销有关不合法的保险条件。其特点在于给予了保险公司一定的自由,同时又可对其进行有力的约束。但问题在于,实际中保险监管机关对于保险业是否真正遵守规定,往往仅在形式上加以审查。由于保险专业技术性强,有关法规很难适应所有保险机构,形式上合法实质上不合法的违规行为时有发生。如果一旦保险监管当局对不合理保单采取措施,将会引起保险市场的不稳定,有损保户利益也有害于保险企业的信用和形象。“欧洲 1992”之后对保险业的监管也是向这一方向努力的。

(四)保险监管制度建设的重点

保险监管的根本原因在于市场失灵,政府介入监管有利于节约监管成本,维护保险市场的公平和效率,保护被保险人的最大利益。同时监管也是政治经济行为,它会受到社会集团利益、经济发展水平等诸多条件的约束,从而会影响其行为目标和行为过程。但保险监管的主要矛盾和矛盾的主要方面在于如何提高保险监管的有效性,为此,在我国保险监管制度建设的实践中,应当对以下几个方面给予足够的重视。

1. 偿付能力监管是保险监管的核心

对保险业实行偿付能力监管符合国际监管发展趋势,也是从根本上防范和化解保险系统经营风险的主要措施。但是，实现由"坚持偿付能力监管与市场行为监管并重"的监管方式转变为"以偿付能力监管为主"的监管方式是要有一个过程的。偿付能力是保险公司整体运营的多元函数，它依赖于产品定价、准备金提存、再保险安排、投资等一系列参数。此外，还依赖于经济增长、通货膨胀、监管、税收、资本市场等外部环境。这些条件的具备与稳定存在，对于以偿付能力为中心的监管模式的效果影响是大不一样的。我国的市场经济体制尚在健全和完善阶段，保险也不例外，在市场化程度比较低的阶段人为地追求公示主义宽松监管模式，会使市场效率不能得到充分发挥，帕累托最优无法达到；同时，市场行为的非理性倾向也会导致保险市场秩序的混乱和不稳定，20 世纪 90 年代早期我国保险市场的情况就是一个证明。因此，尽管从长远来看，以偿付能力为中心的宽松的监管模式是我国保险监管的必然选择，但是在一系列约束条件不具备的情况下，现阶段我国保险监管的模式最好采用以偿付能力和市场行为并重的折中式的监管模式。

2. 建立功能强大的保险中央信息数据库，加强保险透明化，提高保险监管的有效性

信息化是改造传统产业和传统监管方式，实现保险产业与监管现代化的最有效的途径。信息不对称是保险市场风险形成的主要原因。中央信息数据库的建立可以极大地减少信息不对称性。中央信息数据应当包括这样几个方面的内容：全国保险企业财务状况、保险监管数据标准、保险公司偿付能力额度及监管指标、保险公司风险预警系统、保险产品数据库、保险中介人的监管信息系统、保险企业高级管理人员市场行为档案、保险企业投诉信息以及投保人信用信息库。需要强调的是，保险信息数据库的建立和使用必须要注意提高信息质量，增强信息透明度，这样才能充分发挥其作用。另外一个值得注意的问题是在银行业、证券业、保险业

间相互交叉、渗透越来越显现化的趋势下，三大金融监管当局的监管信息共享渠道不应只停留在中央级金融监管当局之间。建议尽快合理界定保监会派出机构职责，建立起有效的金融监管当局分支机构之间的监管信息共享系统。

3. 适度开放保险资金运用渠道，鼓励保险公司建立合理的资产负债管理体系

高效的保险资金运用收益对于保险公司的经营效益具有决定意义，还可以促使保险费率的下降，从而提高保险企业市场竞争力，壮大偿付能力，最终保护了被保险人的利益。但是目前我国的保险资金运用仍是以银行存款为主。这样的主要用于银行存款的低效率的资金运用实际上存在着较大的利差损风险。如不能有效提高保险资金运用的效益，我国保险业将会出现未来支付缺口的潜在风险。尽管《保险法》修订后在保险资金运用上给保险业留有了很大的想象空间，但是到目前为止，有关放宽保险资金运用渠道的政策仍然没有出台。鉴于我国资本市场发展的实际情况，建议在偿付能力监管引导保险公司规范自身行为的前提下，针对不同负债结构的保险公司适度开放保险资金运用渠道，给保险公司资金运用上更多的空间，比如企业债券的投资；不动产、可转换债券及信托产品的投资等。这是符合保险业发展现状的。同时，为进一步保证保险资金运用的安全性，鼓励保险公司建立合理的资产负债管理体系，帮助保险公司提高自身的风险控制能力，帮助保险公司找到资本市场与保险市场的联系点，从而使其减少业务发展的盲目性。

第二章　区域保险业发展指标与测度

衡量保险业的发展状况首先需要确定分析和评价保险业发展状况的依据，也就是说要确定采取何种标准来收集被评价的保险业的各种信息。因此，对相关分析指标的确定和选择关系到是否能客观全面分析保险业发展的关键问题之一。本书主要选用区域社会经济环境相关分析指标和区域保险业发展状况的相关分析指标来分析评价宁夏保险业的发展状况。

一、区域保险业发展的经济社会环境指标

（一）收入水平指标

收入水平是反映经济发展状况的重要指标。在这类指标中，研究者常常将其划分为区域经济收入指标和城乡居民收入指标两类。具体衡量过程中又可以分为总量指标、平均量指标和变化率指标等方面的指标去评价区域经济发展状况。

在区域经济收入指标中的总量指标、平均量指标和增长率指标通常是以国内生产总值或地区生产总值（GDP）、GDP 增长率、人均 GDP 和人均 GDP 增长率等指标来衡量。GDP 是指一个国家或地区在一定时期内（通常是一年）使用所有生产要素所创造出来的全部产品和劳务等最终

产品的市场价值。居民收入指标主要以城镇居民人均可支配收入、城镇居民人均可支配收入增长率、农村居民人均纯收入（或农村居民可支配收入）、农村居民人均纯收入（或农村居民可支配收入）增长率，以及与居民收入相关的居民储蓄存款余额、居民储蓄存款余额增长率、城镇恩格尔系数和农村恩格尔系数等指标来衡量。恩格尔系数是反映城镇或农村居民的贫富状况的指标。恩格尔系数（E）等于家庭全年食物支出除以家庭全年的消费支出总额。对于一个家庭或国家来说，富裕程度越高恩格尔系数越小，贫穷程度越高恩格尔系数越大。这在全世界很多国家和地区经济发展过程中的统计资料都表现出了一定的规律性和比较相似的一致性。恩格尔系数的不同值域水平反映了一个地区的贫富状况和生活水平。一般而言，$E>0.6$ 表示贫困型生活状况；$0.5<E\leqslant0.6$ 表示温饱型生活状况；$0.4<E\leqslant0.5$ 表示小康型生活状况；$0.2<E\leqslant0.4$ 表示富裕型生活状况；$E\leqslant0.2$ 表示绝对富有型生活状况。

（二）产业结构指标

产业结构是产业发展的重要因素，产业结构调整会直接影响产业发展走势。反映产业结构状况主要从四个方面的指标来看。

1. 三次产业在 GDP 中的占比指标。具体来讲就是指第一产业、第二产业、第三产业产值在当期全部国内生产总值中所占的比重。三次产业结构问题是考察一个国家或地区产业结构的重要问题，也是衡量工业化程度的重要指标。

2. 区域产业结构变化率指标。这一指标主要反映的是在一定时期内产业结构的变化情况。

$$r_j=(B_{j,t}-B_{j,0})/B_{j,0}$$

其中，r_j 为区域产业结构变化率，$B_{j,0}$ 为期初第 j 个产业部门的规模，$B_{j,t}$ 为期末第 j 个产业部门的规模。

3. 区域产业霍夫曼系数指标。德国经济学家霍夫曼将工业产业分为消费资料产业和资本资料产业两大类。消费资料产业包括食品、纺织、皮革、家具等工业。资本资料产业包括冶金和机械等资本品工业。通过对各国历史经验观察，霍夫曼发现，在许多国家的工业发展过程中都呈现出了食品和纺织等消费品部门最先发展，冶金和机械等资本品部门紧随其后得到发展的态势，并且后者发展的速度经常要快于前者。所以，随着工业化进程的深入，消费品部门与资本品部门的净产值之比趋于逐渐下降，这一规律被称为霍夫曼定理。消费品工业净产值与资本品工业净产值的比值被称为霍夫曼系数。霍夫曼系数用公式表示为：

$$r_h = \frac{NV_c}{NV_k}$$

这里，NV_c是指消费品工业净产值，NV_k是指资本品工业净产值。

根据霍夫曼定理所描述的趋势，霍夫曼将工业化的过程分为四个阶段，见表 2-1。

表 2-1　工业化阶段与霍夫曼系数

工业化阶段	霍夫曼系数
第一阶段	5±1
第二阶段	2.5±1
第三阶段	1±0.5
第四阶段	<1

4. 区域产业结构相似系数指标。这一指标是联合国工业发展组织在 1980 年提出的，主要用来度量区域产业结构的趋同程度。通过计算相似性系数比较区域间产业结构高级化的水平。具体计算公式表示为：

$$S_j=(\sum_{i=1}^{n}X_{ij}X_i)/\left(\sqrt{\sum_{i=1}^{n}X_{ij}^2}\sqrt{\sum_{i=1}^{n}X_i^2}\right)$$

（三）社会保障水平指标

社会保障水平是影响区域保险业发展的重要因素。衡量社会保障水平主要从以下四个方面来看。

1. 社会保障支出占 GDP 的比重。社会保障支出占 GDP 的比重是比较各国保障水平的主要指标。这一指标主要反映一个国家或者地区在社会保障方面投入水平的高低，以及社会保障覆盖面的程度。

2. 社会保障支出占财政支出的比重。财政支出中社会保障支出所占比重多少是分析各国财政对社会保障投入问题的重要衡量指标。同时它也可以用来反映一个国家或地区在社会保障方面所负担的比例，也反映了社会保障的规模和水平。

3. 贫困状况指标。这一组指标主要有贫困人口数、贫困人口比例、低保水平等。

4. 就业状况指标。这一组指标包括就业率、失业率、第一产业和第二产业的就业人口数等。

（四）社会平等指标

反映一个国家或地区居民之间收入分配差异程度通常用基尼系数来衡量。基尼系数是在洛伦兹曲线的基础上提出的。洛伦兹曲线通过图形和曲线的形式表现社会收入分配差异程度。表示人口累计百分比和收入累计百分比的对应关系的曲线叫洛伦兹曲线。

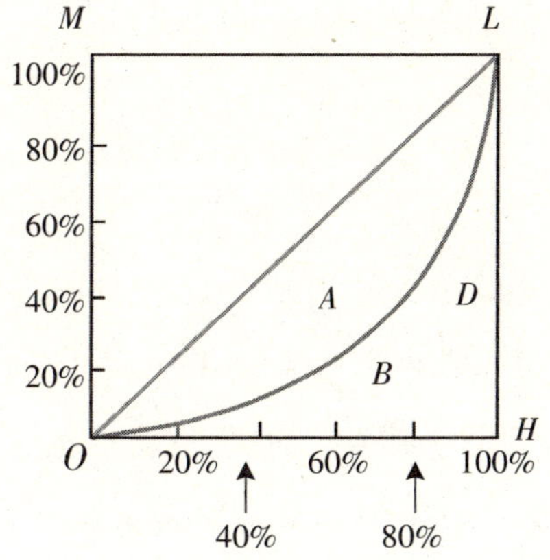

图 2-1　洛伦兹曲线

图 2-1 中,左边纵轴表示收入百分比;下面横轴表示人口百分比;右边纵轴表示收入绝对非平均线,即所有收入都集中在某一个人手中,其余人口收入都为零;45°线表示完全平均分配线。洛伦兹曲线将一国总人口按收入从低到高进行排列,然后研究统计收入由低到高的任意百分比人口所得到的收入百分比,再将这样得到的人口累计百分比和收入百分比的对应关系描绘在图形中就得到了洛伦兹曲线。洛伦兹曲线通常介于45°线和横轴中间。从洛伦兹曲线上可以读出每一个阶层的收入比重,从曲线的弯曲程度可以看到各个阶层的收入差别情况。显然,洛伦兹曲线的弯曲程度具有重要的含义。它反映了收入分配的不平等程度,弯曲程度越大,收入分配程度越不平等;反之越平等。从不同的曲线对比中也可以比较出不同区域的总收入分配差别程度,或者同一区域不同时期的收入差别变动情况。

通常情况下,一个国家的收入分配既不是完全平等的也不是完全不平等的,而是介于两者之间的,由此相应的洛伦兹曲线也既不是45°直线也不是折线,而是介于两者之间的平滑曲线,但凸出的程度不同国家和地区各有不同。在45°直线和洛伦兹曲线之间形成的面积 A 与 45°直线和

90°折线之间的直角三角形面积B之比的比值被称为基尼系数。基尼系数用公式表示为:

$$G=\frac{A}{A+B}。$$

显然,基尼系数通常是介于0到1之间的一个值。按照国际一般标准,如果基尼系数小于0.2表示收入过于平均,此时社会动力不足;在0.2到0.3之间表示比较平均;0.3到0.4之间表示相对合理;0.4被认为是社会分配不平均的警戒线;0.4到0.5之间表示收入差距较大,社会不安定性增加;0.5以上表示收入差距悬殊,会引发一系列社会问题,可能会造成社会动荡,应该引起高度警惕。

二、区域保险业发展状况指标

分析区域保险业发展状况的指标很多,一般包括反映区域保险业发展程度、发展潜力指标,区域保险业在全国或所在地区的地位指标,区域保险业对区域经济的贡献指标等。

(一)区域保险业发展规模指标

1. 保费收入。保费收入是保险公司为履行保险合同规定的义务而向投保人收取的对价收入。保险公司就是利用保费收入的流入,通过对这些资金进行利用和风险管理形成损益。保费收入指标可以从流量上反映保险业务的销售收入水平和集聚社会资源的水平。由于保费收入是保险人依据保险合同的约定向投保人收取而形成的收入,它是全体保户为形成共同风险保障而分摊的资金,是保户为获得赔偿或者给付而付出的代价。同时,保费收入也是保险人履行保险责任的最主要资金来源,既是保险业负债的增加也是保险业资产增长的主要动力。

2. 保险业总资产。保险业总资产是指一个国家或地区的所有保险主体资产总和，包括原保险公司、再保险公司、专业保险中介组织机构的资产总和。保险业总资产反映了保险业通过过去的保险交易等相关行为形成的能够由保险业控制和拥有的资产规模。保险业总资产的大小不仅反映了保险业应付风险能力的变化，也反映了其在国民经济中地位的重要程度。

3. 保险业可运用资金。保险业可运用资金是指保险业可以用于投资经营的资金规模，这一部分不包括固定资产投资，它反映了保险业对其他金融资产的可能影响规模。从最终来讲，保险可用资金是源于每一位投保人缴纳的保险费。主要可以分为三大部分：开业时的注册资本金、依法提取以备在保险事故发生后履行赔偿和给付义务的准备金、其他款项和资金。具体计算公式可以表示为：

保险业可运用资金=现金+银行存款+短期投资+拆出资金+保户质押贷款+买入返售证券+一年内到期的长期债券投资+长期投资+贷款+存出资本保证金

4. 保险机构数量。保险机构的数量包括区域内所有原保险公司、再保险公司和专业保险中介机构，包含了总公司、分公司和各级支公司等机构。保险公司的数量主要反映一个区域内保险市场体系完善程度、市场规模大小、市场竞争程度和市场发育的成熟程度等。

5. 保险从业人数。保险从业人数指所有区域内的保险公司、专业保险中介机构的从业人员数量。这一指标从劳动力要素投入方面反映区域保险市场规模的大小。

（二）区域保险市场结构指标

常见的反映保险市场结构的指标有市场集中度指标、产品差异化指标以及市场进入和退出壁垒指标等。

1. 市场集中度

市场集中度是对某一行业整体市场结构集中程度的测量，以此来衡量企业数目和相对规模的差异，是决定市场结构最基本、最重要的因素，它集中体现市场的竞争与垄断程度。最常用的市场集中度指标有行业集中度指数（CR_n）和赫芬达尔—赫希曼指数（HHI），是用来测量产业竞争性和垄断性的指标，以测算的简便性和测算结果的准确性被广泛应用。

行业集中度指数CR_n是衡量市场集中度最基本的指标，通常用前几位企业的生产、销售、资产或者职工人数的累计数量占整个市场的生产、销售、资产或者职工人数的比重来表示。其计算公式为：

$$CR_n=\sum_{i=1}^{n}X_i/\sum_{t=1}^{N}X_i=\sum_{i=1}^{n}S_i$$

其中CR_n为X产业中规模最大的前n位企业的市场集中度。X_i为X产业第i位企业的生产额或销售额等。N为X产业的全部企业数。$\sum_{i=1}^{n}X_i$表示前n位企业的生产额或销售额之和。S_i表示第i位企业的市场占有率。

赫芬达尔—赫希曼指数HHI是一种反映产业集中度的综合指标，是将相关市场上所有企业的市场份额平方后再相加的总和，其计算公式为：

$$HHI=\sum_{i=1}^{N}\left(\frac{X_i}{T}\right)^2=\sum_{i=1}^{N}S_i^{\ 2}$$

公式中X_i/T是指第i个企业所占的市场份额，其他符号与CR_n中的定义相似。HHI指数对保险公司的规模分布比较敏感，它能够反映市场分化程度与垄断程度，可以不受企业数量和规模分布的影响，能够比较好地测量市场集中度的变化。同时，HHI指数能够同时反映前几名大企业的市场份额变化和其余中小企业的市场份额变化。因此HHI指数是市场集中度测量指标中相对最好的一个。一般而言，HHI值应当在0与1之间，但是为了直观，通常的表示方法是将其值乘上10000而予以放大，所以HHI最后的值在0到10000之间。

2. 产品差异化程度指标

产品差异化是指厂商通过某种方式将基本功能相同的产品作出一些改动,使得消费者相信这些产品存在一定差异从而产生不同的偏好。产品差异化是决定市场结构的一个重要因素,是企业在市场竞争和对抗的主要手段,而企业控制市场的程度取决于其实施自己产品差异化策略的成功程度。对于产品差异化的度量一般用需求交叉弹性系数和广告密度来衡量。

需求交叉价格弹性表示在一定时期内某种商品的需求数量的变动相对于它的相关商品的价格变动的反应程度。假定商品 X 的需求数量 Q_X 是它的相关商品 Y 的价格 P_Y 的函数,即 $Q_X = f(P_Y)$,则商品 X 的需求交叉弹性的公式可以表示为:

$$E_{XY} = \frac{\frac{\Delta Q_X}{Q_X}}{\frac{\Delta P_Y}{P_Y}}$$

广告是厂商用来传递产品差异信息的常用手段。在研究产业组织行为时主要通过广告费用的相关指标来分析产品的差异化程度。衡量广告时常用广告密度来表示。

广告密度的公式为:广告密度 = 产品的广告费用(AD)/产品销售金额(SL)。

3. 市场进入与退出壁垒

市场进入壁垒是指市场内现有厂商对于潜在的进入市场的对手和已进入市场的新企业所具有的优势。或者说是准备进入市场或新进入市场的企业与市场内的老厂商在竞争过程中可能遇到的障碍或不利因素。市场进入壁垒高低反映了市场内已有企业的优势强弱,也反映了新进厂商所遇到的障碍大小,它是影响市场垄断与竞争关系的一个重要因素。形成市场进入壁垒的因素包括：资本、技术、政策及规模经济等。

市场退出壁垒指厂商从市场中退出时所遇到的阻碍。理论上讲，当厂商长期亏损，资产小于负债，不能维持正常的生产经营时应当破产或退出市场。但是在实际中，由于种种阻碍和限制使得厂商常常很难从市场中退出，这些阻碍和限制就是市场退出壁垒。形成市场退出壁垒的因素包括：资本专用性与沉没成本、解雇雇员成本、政策限制等。

（三）区域保险业发展地位指标

反映区域保险业在全国保险业发展中的地位可以通过比较区域保险市场份额和区域保险深度来体现。

1. 区域保险市场份额

区域保险市场份额是通过对比区域保险业的保费收入占全国保险业保费收入的比重。计算公式可以表示为：区域保险市场份额=区域保险业保费收入/全国保险业保费收入。区域保险市场份额越高表明区域保险业在全国保险业中的地位越重要，反之则越次要。

2. 区域保险深度

区域保险深度是指区域内保险业保费收入占国内生产总值（GDP）之比，它反映了保险业在整个国民经济中的地位高低。保险深度取决于一国经济总体发展水平和保险业的发展速度。区域保险深度与全国保险深度之比如果大于1则说明该区域保险业发展水平高于全国平均水平，数值越高表明发展水平越高；比值如果小于1则说明该区域保险业发展水平低于全国平均水平，数值越低表明发展水平越低。

（四）区域保险业发展潜力指标

1. 保险密度。保险密度是指按照区域人口数计算的人均保险费。保险密度反映了区域内居民平均购买保险保障的水平，是从人均保费支出的角度反映区域保险业发展的程度，也可以在一定程度上揭示区域保险业的发展潜力。保险密度的计算可以表示为:保险密度=年保费收入总额/年均人口总数。年均人口总数取年初人口总数和年末人口总数的平均值。保险密度指标又可以进一步细分为人身保险密度和财产保险密度。

2. 保险深度。保险深度是一个国家或地区的保费总收入与国内生产总值或地区生产总值(GDP)之比,它反映了区域保险业相对区域国民经济发展的重要程度。保险深度的计算公式为:保险深度=年保费收入总额/GDP。保险深度数值越大表明保险业对于国民经济发展的贡献度越高,反之越低。保险深度数值的大小不仅依赖于一个国家或地区经济总体发展水平,还取决于保险业的发展速度。保险深度指标又可以进一步细分为人身保险深度和财产保险深度。

3. 保险业人均产能。保险业人均产能是指保险从业人员人均取得的保费收入。保险业人均产能反映了保险业的经营效率。从这一指标可以直观地从微观领域反映保险业进一步的发展潜力。这一指标的计算公式为:保险业人均产能=保费收入总额/保险从业人数。

4. 保险业资产增长率。区域保险业总资产增长率的高低反映了区域保险业在未来的发展能力。区域保险业总资产增长率越高,表明区域保险业可运用的资金越多,发展潜力越大;反之,可运用资金越少,发展潜力越小。这一指标的计算公式为:区域保险业总资产增长率=(本年末区域保险业总资产-上年末区域保险业总资产)/上年末区域保险业总资产。

(五)区域保险业对区域经济贡献度指标

1. 保险业增加值。保险业的增加值指的是保险业在一年中创造的GDP总量,它反映了保险业在一年的经营活动中对全部GDP的直接贡献,也可以理解为保险业对区域经济的贡献。其计算公式如下:

保险业增加值=劳动者报酬+生产税金额+固定资产折旧+营业盈余

2. 保险业贡献度。保险业的贡献度可以分为三个方面:保险业直接贡献度、保险业对第三产业贡献度和保险业边际贡献度。保险业直接贡献度是指保险业直接创造的增加值占 GDP 的比重,反映了保险业对于国家或地区的国民经济的直接贡献水平。其计算公式为:保险业贡献度=保险业增加值/GDP。保险业对第三产业贡献度主要反映保险业对于国家或地区的第三产业的贡献水平。其计算公式为:保险业对第三产业贡献度=保险业增加值/第三产业增加值。保险业边际贡献度是指保险业增加值的增长额度与 GDP 的增长额度的比值。它反映了保险业增加值的增长对于国家或区域国民经济增长的边际贡献度。其计算公式为:保险业边际贡献度=保险业增加值增长额度/GDP 增长额度。

3. 保险税收。保险税收是指区域保险业为本地区缴纳的税收金额,反映了区域保险业对于地方财政的贡献。其计算公式表示为:保险税收金额=营业税收金额及附加+营业费用中的税收金额+所得税。

(六)区域保险业保障和经济补偿功能指标

1. 保险金额。保险金额是在保险合同或保险单中载明的保险标的的金额,也是保险人在约定的风险事故发生后所承担的责任限额。区域保险业承保的保险金额是在所有的保险合同中约定的当被保险人因为保险事故而遭受损失时,应当由保险人所承担的经济补偿或给付金额的总和。这一指标反映了区域保险业对于区域经济社会可能发生的风险损失的经济补偿数额,是全社会能够从保险业获得保障的最高经济额度。计算公式表示为:保险金额=财产保险业务保险金额+人身保险业务保险金额。

在统计保险金额时保单中存在不确定的多个给付金额时,应当按照最高的给付额统计。保险合同中的主险和附加险应当分别统计保险金额。有些保单在保险责任开始后的退保和减保,要对保险金额的期末有效数做相应的冲减。

2. 保险保障度。这一指标分为人身保险保障度和财产保险保障度。人身保险保障度反映区域保险业为区域人口提供的平均人身保障额度。计算公式为:人身保险保障度=人身保险业务保险金额/地区总人口。财产保险保障度反映保险业为区域经济社会财产提供的经济保障额度。计算公式为:财产保险保障度=财产保险业务保险金额/GDP。

3 保险赔付总额。保险赔付是反映保险业对其承保的已经发生的风险所履行的给付和赔偿的货币金额。其计算公式为:保险赔付总额=赔款支出+死伤医疗给付+满期给付+年金给付+红利支付+利差支出+返还储金。

4. 保险业就业贡献度。这一指标是指新增保险从业人员对全社会新增就业人员的贡献程度,反映区域保险业吸纳就业的能力。计算公式为:新增保险从业人数/全社会新增就业人数。其中:新增保险从业人员数=当年末保险从业人数-上年末保险从业人数;全社会新增就业人数=当年末全社会就业人数-上年末全社会就业人数。

三、区域保险发展差异测度方法

(一)变异指标

在测定了一个统计数列的集中趋势后,还需要考察数据的离中趋势,即离散程度或变异程度。变异指标是用来表述数据差异程度的综合指标,能够反映均值的代表性、现象的稳定性和均衡性。数据的离散程度越大均值的代表性就越差,现象的稳定性和均衡性就越低;数据的离散程度越小均值的代表性就越好,现象的稳定性和均衡性就越高。

变异指标主要有极差、四分位差、平均差和标准差等。

1. 极差。极差又叫全距,它是指变量数列的最大值(X_{max})和最小值(X_{min})之差,表示的是数据的波动范围。其公式为:

$$R=X_{max}-X_{min}$$

用极差反映数据总体分布的离散程度尽管简便易算,但是它只考察了数据两端,忽略了中间数据的变动情况,不能完整的说明数据的差异程度。在极端的情况下,使用极差常常会产生非常不准确的结论。

2. 四分位差。四分位差也叫内距或四分间距,是指变量数列按照大小顺序排列后,上四分位数与下四分位数之差。其公式为:

$$Q_D=Q_3-Q_1$$

公式中 Q_3 和 Q_1 为变量数列按大小顺序排列的第三、第一位置的变量值。

四分位差反映了中间 50% 的数据的离散程度。数值越小说明中间的数据越集中;数值越大说明中间的数据越分散。四分位差的大小在一定程度上说明了中位数对变量数据的代表程度。它不受极值的影响,但依然是只用了两个位置的信息,没有考察全部数据的分布情况,对数据的变异反映也不够全面、准确。

3. 平均差。平均差是指变量数列中各个变量值与其算术平均数的离差绝对值的算术平均数。平均差分为简单算术平均式和加权算术平均式两种。具体计算公式分别为:

分组资料:

$$AD=\frac{\sum|x_i-\bar{x}|}{n}$$

未分组资料:

$$AD=\frac{\sum|x_i-\bar{x}|f}{\sum f}$$

平均差考虑了变量数列中全部数据变动的影响,能够比较全面地反映所研究总体的平均差异程度，比极差、四分位差更能充分地反映数据的离散程度。但是由于平均差在计算中需要取绝对值，不便于进一步代数运算，因此在应用中受到了一定的局限，在统计实践中并不常见。

4. 标准差和方差。标准差也叫均方根差，通常用σ表示。标准差是指总体各单位变量值与其算术平均数离差平方的平均数的平方根。标准差额平方称为方差，通常用σ^2表示。标准差采用平方的方法避免正负离差相互抵消，在进一步的数学计算上有一定的优越性。标准差和方差是测定数据离散程度的最常用和最重要的指标。根据掌握的资料不同，标准差和方差也分为简单式和加权算术平均式两种。具体计算公式分别为：

未分组资料：

$$\sigma=\sqrt{\frac{\sum(x-\bar{x})^2}{n}};\quad \sigma^2=\frac{\sum(x-\bar{x})^2}{n}$$

分组资料：

$$\sigma=\sqrt{\frac{\sum(x-\bar{x})^2f}{\sum f}};\quad \sigma^2=\frac{\sum(x-\bar{x})^2f}{\sum f}$$

尽管标准差与方差的计算数值有差异，但在测定数据分布的离散程度的作用在实质上是一致的。由于标准差的计量单位与所测定的数据的计量单位相同，结果的实际意义比方差更容易理解，所以应用更普遍。

（二）相对差距指标

相对差距是指总体各单位某变量值与对比值之间的比值。相对差距也叫比较相对数。它可以比较不同国家、不同地区的经济发展水平，不同单位的工作优劣。相对差距可以是两个总量指标的对比，也可以是相对指标或平均指标对比。计算相对差距多数采用相对数或平均数来对比。

1. 相对差。相对差是指同一时间同类现象的指标在不同区域进行对比的比值，通常用百分比表示。假定 X_{it} 和 X_{jt} 为 i 和 j 地区 t 时间同类现象的指标，具体计算公式为：

$$D_t=\frac{X_{it}}{X_{jt}}\times 100\%$$

上式中 D_t 的值越小则表明 i 和 j 两地的差距越小；反之表明两地的差距越大。相对差指标可以是两个总量指标的对比，也可以是相对指标或平均指标对比。

2. 相对极差。这一指标是指同一类指标在同一时间的最大值与最小值之比。计算公式表示为：

$$D=\frac{X_{max}}{X_{mix}}\times 100\%$$

公式中 X_{max} 和 X_{mix} 分别表示数据之中的最大值和最小值。

3. 集中指数。集中指数反映一项经济活动在某一地区的集中程度。集中程度越高则区域差异越明显；反之越不明显。具体计算公式表示为：

$$C=\left(1-\frac{H}{T}\right)\times 100$$

公式中 H 表示某一经济活动的区域积累值，T 表示某一经济活动的全国总量值。集中指数 C 越大说明区域间差异越大；反之区域间差异越小。理论上来讲 C 值是介于 0 到 100 之间的值。在实践中，C 值在 50 到 60 表明区域差异绝对均衡；70 到 80 表示区域差异相对集中；大于 90 表明区域差异高度集中。

（三）综合差距指标

综合差距指标指总体各区域之间的某变量值差距的综合比例。在衡量区域保险综合差距时，通常用变异系数指标和加权变异系数指标来测度。

1. 变异系数指标

变异系数是指总体各单位某变量值变异程度的相对数，是绝对差距与其平均指标之比。它反映了某一指标在不同空间的不同水平数列的标志变异程度，或者说它反映了某一指标在同一空间的不同时间指数列的标志变异程度。测度区域保险差距时常用的变异系数指标有两种：级差系数和标准差系数。其计算公式分别为：

$$V_R = \frac{R}{\bar{x}}$$

$$V_\sigma = \frac{R}{\bar{\sigma}}$$

这一指标是标志变异的绝对指标与数列指标的比值，其意义是单位平均数上的差异，离散系数小，标志变异小，平均数的代表性就高；离散系数大，标志变异大，平均数的代表性就低。

2. 加权变异系数指标

由于变异系数指标常受到不同地区的人口规模的影响，所以为了反映人口规模的影响，有时候还使用加权变异系数指标。其具体计算公式为：

$$CV_W = \frac{\sqrt{\sum_i^n (y_i - \bar{y})^2 \frac{p_i}{p}}}{\bar{y}}$$

上式中，P_i为 i 区人口；P 为国家人口；y_i为 i 区区域指标；$\bar{y}$为全国人均指标；n 为区域数，CV_W为加权变异数。

第三章 西部区域及宁夏保险业发展分析

一、中国保险业发展基本情况

中国的民族保险业是从1885在上海成立的仁济和保险公司开始的。新中国成立前尽管中资保险公司数量众多，但是保险市场却由外资保险公司牢牢控制。中华人民共和国成立以后，政府非常重视民族保险事业的发展，成立了中国人民保险公司，对民族私营保险公司进行了扶持和改造，社会主义保险事业呈现了轰轰烈烈发展的局面。但是1958年以后，由于众所周知的原因，国内保险业务全面停办，保险业务陷入低谷。1978年，中共十一届三中全会挽救了中国经济，也给中国保险业带来了新的生机。1979年，人民银行决定从1980年起全面恢复停办了20多年的国内保险业务。此后，中国保险业经历了中国人民保险公司独家垄断阶段，中国人民保险公司、中国太平洋保险公司和中国平安保险公司三足鼎立阶段，20世纪90年代中期以后逐步形成了垄断竞争的现代保险市场。

（一）中国保险业保费总收入

从表3-1中可以看出，三十多年来，中国保险业同中国经济一样，经历了一个持续高速发展的历程。1982年中国保险业的总保费收入是6.52亿元，1992年保费收入达到了341.60亿元，2002年的保费收入为3048.32亿元，2012年保费收入15487.93亿元，2014年实现保费收入20234.82亿元,达到了历史最高水平。1996 年以前年均以 30%以上的增长率增长,1996 年以后尽管先后受到亚洲金融危机和世界金融危机的影响,但是仍然以 20%以上的速度增长。2014 年中国保险业保费总收入是 1982 年的 3103 倍。

表 3-1　1982—2014 年中国保险业保费收入

年份	总保费（亿元）	寿险		非寿险	
		保费（亿元）	占比（%）	保费（亿元）	占比（%）
1982	6.52	0.02	0.3	6.50	99.7
1983	10.20	0.10	1.0	10.10	99.0
1984	15.05	0.75	5.0	14.30	95.0
1985	26.01	4.41	17.0	21.60	83.0
1986	42.34	11.34	26.8	31.00	73.2
1987	67.09	24.99	37.2	42.10	62.8
1988	94.80	37.50	39.6	57.30	60.4
1989	120.40	46.00	38.2	74.40	61.8
1990	150.50	56.40	37.5	94.10	62.5
1991	212.90	82.80	38.9	130.10	61.1
1992	341.60	142.20	41.6	199.40	58.4
1993	466.40	199.00	42.7	267.40	57.3
1994	495.30	162.00	32.7	333.30	67.3
1995	615.30	194.20	31.6	421.10	68.4
1996	800.00	330.00	41.3	470.00	58.8
1997	1117.41	567.22	50.8	550.19	49.2
1998	1247.30	667.38	53.5	579.92	46.5

续表

年份	总保费（亿元）	寿险		非寿险	
		保费（亿元）	占比（%）	保费（亿元）	占比（%）
1999	1393.22	768.30	55.1	624.91	44.9
2000	1603.42	851.17	53.1	752.25	46.9
2001	2126.14	1298.66	61.1	827.48	38.9
2002	3048.32	2073.96	68.0	974.36	32.0
2003	3848.75	2724.35	70.8	1124.40	29.2
2004	4322.93	2845.51	65.8	1477.43	34.2
2005	4928.42	3245.30	65.8	1683.12	34.2
2006	5641.32	3592.64	63.7	2048.68	36.3
2007	7035.76	4463.75	63.4	2572.01	36.6
2008	9784.10	6658.37	68.1	3125.73	31.9
2009	11137.30	7457.44	67.0	3679.86	33.0
2010	14527.97	9679.51	66.6	4848.46	33.4
2011	14339.25	8695.59	60.6	5643.66	39.4
2012	15487.93	8908.06	57.5	6579.87	42.5
2013	17222.24	9425.14	54.7	7797.10	45.3
2014	20234.82	10901.69	53.9	9333.13	46.1

资料来源：瑞士再世界保费数据库、《中国保险年鉴》和中国保险监督管理委员会网站等。

从表3-1中还可以反映出三十多年来中国保险市场上寿险和非寿险的变化状况。恢复保险业之初，寿险保费在保险市场上的比重几乎为零。此后，随着改革的不断深化，寿险保费的比重逐渐增大。到1997年时，寿险保费第一次超过了非寿险保费，占到了总保费的50.8%；到2003年时，寿险保费达到了最大比重，为70.8%，再往后每年缓慢下降；与此同时，受汽车保险增加等因素的影响，非寿险保费收入缓慢回升，到2014年寿险保费为53.9%，非寿险保费为46.1%。寿险与非寿险保费基本保持了相对稳定的格局，寿险和非寿险保费分别占60%和40%左右。

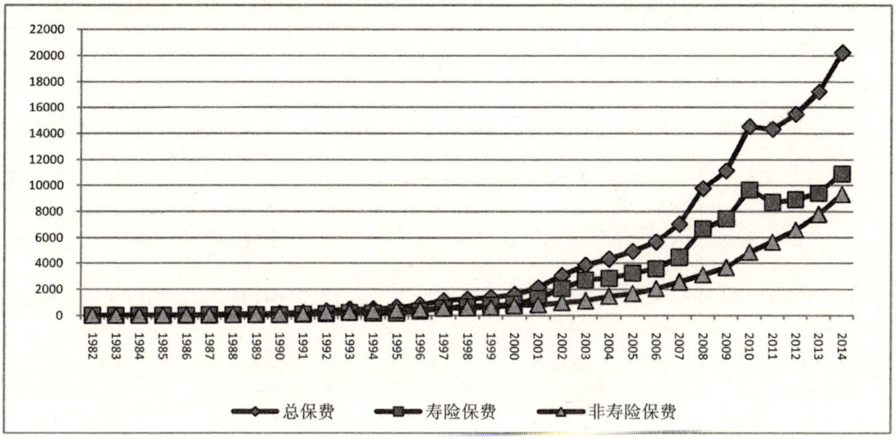

图3-1　1982—2014年中国保费收入

（二）全国各省区保费收入

保险业的发展程度与地区经济发达程度高度相关。从表3-2和图3-2中可以明显地看出这种情况。2013年保费收入前十名的省份中东部地区①占了8个，中部地区和西部地区各占1个。在保费收入后十名的省份中西部地区的占了8个，中部和东部的省区各占1个。不仅如此，东部11个省区的保费总收入占全国保费总收入的58.07%，中部8个省区占全国保费总收入的22.57%，西部12个省区占全国保费总收入的

①按照经济社会发展状况划分，东部地区是指北京、天津、河北、辽宁、山东、江苏、上海、浙江、福建、广东、海南11个省、市；中部地区是指吉林、黑龙江、山西、河南、安徽、江西、湖北、湖南8个省；西部地区是指四川、重庆、贵州、云南、西藏、陕西、甘肃、宁夏、青海、新疆、广西、内蒙古12个省（市、自治区）。

19.36%。东西部经济发展程度的巨大差距在保险业中也得到了充分的体现。

表 3-2　2013 年全国各省区保费收入

（单位：百万元）

地区	全部业务		财产保险			人身保险		
	保费收入	同比增长（%）	保费收入	同比增长（%）	市场占比（%）	保费收入	同比增长（%）	市场占比（%）
广东	192275.06	13.29	66922.81	14.98	34.81	125352.25	12.50	65.19
江苏	144608.29	11.10	51861.35	17.93	35.86	92746.94	7.80	64.14
山东	128042.27	13.51	54930.61	19.19	42.90	73110.66	9.60	57.10
浙江	110991.09	12.73	51198.74	15.21	46.13	59792.34	10.70	53.87
北京	98227.98	7.73	28874.41	7.87	30.44	69353.57	7.67	69.56
河南	91652.11	8.96	24354.53	21.97	26.57	67297.58	4.91	73.43
四川	91638.37	11.82	31508.98	16.04	34.18	60129.39	9.73	65.62
河北	83709.30	9.13	30976.87	19.75	37.01	52732.43	4.64	62.99
上海	83016.51	-2.77	29708.49	9.24	35.79	53308.02	-8.38	64.21
辽宁	62910.96	8.64	23532.80	15.03	37.41	39378.16	5.29	62.59
湖北	58739.60	10.14	16934.75	25.14	28.83	41804.85	5.04	71.17
福建	57484.53	20.33	20528.50	17.13	35.71	36956.03	22.20	64.29
湖南	50856.02	9.34	17601.36	21.42	34.61	33254.66	3.87	65.39
安徽	48300.73	6.48	20384.19	21.24	42.20	27916.54	-2.21	57.80
陕西	41711.66	14.18	13704.02	18.36	32.85	28007.64	12.23	67.15
山西	40839.06	6.17	14419.16	12.84	35.31	26419.90	2.85	64.69

续表　（单位：百万元）

地区	全部业务		财产保险			人身保险		
	保费收入	同比增长（%）	保费收入	同比增长（%）	市场占比（%）	保费收入	同比增长（%）	市场占比（%）
黑龙江	38431.62	10.45	11362.19	12.43	29.56	27069.43	9.53	70.44
重庆	35811.01	8.18	11252.74	18.19	31.42	24558.27	4.14	68.58
云南	32077.43	18.24	15175.51	22.84	47.31	16901.93	14.39	52.69
江西	31795.34	17.02	11619.65	19.18	36.55	20175.69	15.80	63.45
天津	27680.20	16.23	10227.83	12.66	36.95	17452.37	18.42	63.05
广西	27547.33	15.62	11887.07	22.65	43.15	15660.26	10.80	56.85
内蒙古	27469.08	10.88	12972.93	8.25	47.23	14496.15	13.33	52.77
新疆	27348.61	16.10	11323.06	20.87	41.40	16025.55	12.95	58.60
吉林	26644.26	14.58	9109.34	16.62	34.19	17534.92	13.55	65.81
贵州	18169.15	20.95	8903.47	26.48	49.00	9265.68	16.07	51.00
甘肃	18015.18	13.47	6834.28	22.17	37.94	11180.90	8.73	62.06
宁夏	7270.27	15.98	3141.68	18.62	43.21	4128.59	14.04	56.79
海南	7260.56	20.47	3169.55	26.04	43.65	4091.01	16.27	56.35
青海	3901.55	20.42	1951.11	20.81	50.01	1950.44	20.03	49.99
西藏	1143.09	19.86	759.98	22.17	69.63	347.11	14.87	30.37

注：1. 各省数据包含相应的经济特区和计划单列市。

2. 各个保险集团、保险总公司开展的业务不计入任何地区。

资料来源：《中国保险年鉴 2014》

分省区来看，保费收入前 5 名的省区均是东部省区，分别是广东、江苏、山东、浙江、北京。保费收入前四名省区的保费收入占了全国总保费收入的33.57%；保费收入前八名省区的保费收入占全国总保费收入的54.86%。由此可见，中国保险市场集中度从地区分布角度来看还不属于特别高，基本上属于集中寡占型或低集中寡占型市场结构。

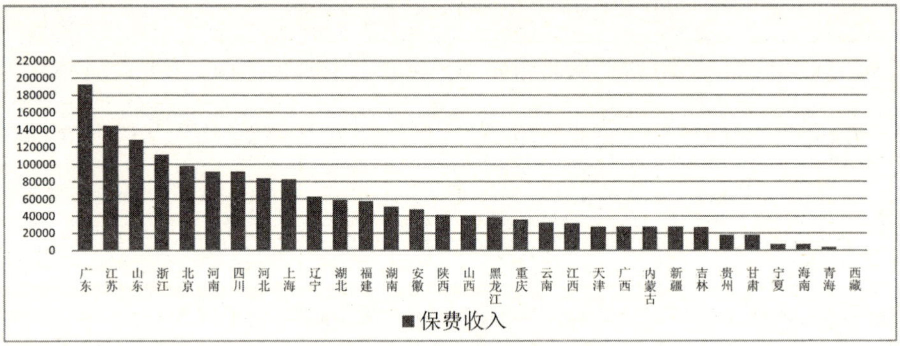

图3-2　2013年全国各省区保费收入

（三）全国各省区保险密度和保险深度

保险密度和保险深度是衡量一个国家或地区保险业发展程度的重要指标。保险密度是指按照一个国家或地区人口计算的人均保费收入，它反映了一个国家或地区保险的普及程度和保险业的发展水平。保险深度是指一个国家或地区的保费收入占国内（地区）生产总值（GDP）的比例，它是反映一个国家的保险业在其国民经济中的地位的一个重要指标。从表3-3可以看出2013年全国保险密度排名前九名的分别是：北京、上海、天津、浙江、江苏、广东、福建、辽宁、山东，都是经济相对发达的东部省区。其中北京、上海、天津、浙江都超过了2000元，尤其以北京最高，超过了5000元，这充分显示了东部地区，特别是在经济发达、人口密集的省区保险的普及程度要明显地高于中西部地区。

从表3-3中的保险深度来看，2013年保险深度全国排名前十的省份分别是：北京、上海、四川、新疆、山西、广东、河北、浙江、甘肃、河南。这十个省区的保险深度都在2.8%以上。这中间以北京市为最高，达到了

5.10%。2013年中国保险深度大约为3%，同年世界保险深度为6.3%，中国还不到世界平均水平的一半。世界保险深度排名前十位国家的保险深度均超过了10%，中国还不到世界发达水平的三分之一。相比之下，保险深度的区域分布与区域经济发展程度的相关性并不是特别明显。保险深度排名高，一方面说明该地区保险业在国民经济中的地位相对重要，同时也说明了该地区保险业未来的增长潜力和空间都可能相对有限。但是考虑到我国的保险业发展水平与世界保险业发展水平相比还很低。因此中国保险业发展潜力和空间还是非常巨大的。

表3-3　2013年全国省区GDP、保险密度和保险深度表

地区	人均GDP（元/人）	各地GDP（万亿）	保险密度（元/人）	保险深度（%）	保险密度同比增长（%）	保险深度同比增长（%）
北京	99428.92	1.95	5070.59	5.10	18.78	0.10
上海	93856.28	2.16	3569.27	3.80	3.54	-0.30
四川	32330.99	2.60	1137.40	3.52	12.09	0.12
新疆	39012.90	0.85	1253.76	3.21	18.84	0.01
山西	36402.23	1.30	1154.75	3.17	8.40	-0.03
广东	59443.74	6.20	1824.45	3.07	14.24	0.07
河北	39385.31	2.83	1165.67	2.96	10.88	0.06
浙江	69827.27	3.80	2039.54	2.92	13.45	0.12
甘肃	24633.14	0.63	704.40	2.86	14.35	0.06
河南	34246.72	3.22	974.78	2.85	22.18	0.05
宁夏	41260.67	0.26	1153.76	2.80	19.12	0.10
重庆	45076.28	1.30	1245.61	2.76	10.82	-0.14

续表

地区	人均 GDP（元/人）	各地 GDP（万亿）	保险密度（元/人）	保险深度（%）	保险密度同比增长（%）	保险深度同比增长（%）
云南	26106.25	1.20	697.85	2.67	19.13	0.07
福建	59629.97	2.20	1558.09	2.61	22.25	0.21
陕西	42863.96	1.60	1118.35	2.61	14.89	0.11
黑龙江	38629.99	1.48	1003.14	2.60	11.76	0.10
安徽	31932.24	1.90	811.77	2.54	7.16	-0.06
江苏	75006.45	5.90	1838.39	2.45	11.89	0.05
湖北	43677.51	2.50	1026.24	2.35	11.61	-0.05
山东	57415.41	5.50	1336.65	2.33	14.24	0.03
海南	36279.77	0.31	837.29	2.31	23.13	0.21
辽宁	61948.10	2.71	1423.33	2.30	7.58	0.00
江西	31413.10	1.40	713.42	2.27	18.25	0.17
贵州	23010.66	0.80	522.39	2.27	21.15	0.07
湖南	37298.83	2.45	774.24	2.08	10.51	-0.02
吉林	47337.80	1.30	970.22	2.05	14.75	0.15
广西	30417.19	1.40	598.51	1.97	15.83	0.17
天津	111298.33	1.44	2139.42	1.92	26.95	0.12
青海	37322.05	0.21	693.40	1.86	22.66	0.16
内蒙古	67998.85	1.68	1111.83	1.64	11.74	0.04
西藏	26648.01	0.08	380.76	1.43	22.95	0.03

资料来源：根据《中国保险年鉴 2014》和《中国统计年鉴 2014》的数据整理并计算后所得。

二、西部保险业发展差异分析

（一）西部区域保险业发展现状

1. 西部区域保险业发展的经济社会环境概况

我国西部地区包含内蒙古、广西、重庆、四川、贵州、陕西、甘肃、宁夏、新疆、西藏、云南和青海12个省、市、自治区。进入21世纪以来，西部地区受西部大开发战略、加入WTO以及“一带一路”战略等政策、事件的影响，西部区域经济社会发展水平明显提高，西部各地区重在调整产业结构，发展特色优势产业，以促进经济增长。随着西部市场机制的建立和完善，西部经济也不断培育新的增长点，作为市场经济重要组成部分的保险业也随之迅速发展起来。

表3-4 2000—2014年GDP、人口、产业结构及保费收入

年份	西部地区生产总值（亿元）	人口（万人）	第一产业（亿元）	第二产业（亿元）	第三产业（亿元）	西部保费收入（亿元）
2000	17276.41	35635	3704.67	6732.04	6839.70	279.26
2001	18939.40	35629	3822.29	7346.16	7770.97	343.13
2002	20956.71	35767	4029.77	8153.45	8773.47	478.77
2003	23975.21	35997	4438.11	9645.27	9891.85	602.99
2004	28945.20	36072	5397.16	12020.77	11527.27	673.49
2005	34086.72	35917	5916.50	14726.59	13443.63	761.16
2006	40346.38	36017	6300.33	18292.20	15753.84	918.21
2007	49184.06	36088	7646.66	22685.34	18852.05	1193.50
2008	60447.77	36240	8905.19	28802.76	22739.82	1728.40
2009	66973.48	36385	9198.33	31782.86	25992.29	2007.40
2010	81408.49	36069	10701.30	40693.90	30013.28	2537.70

续表

年份	西部地区生产总值（亿元）	人口（万人）	第一产业（亿元）	第二产业（亿元）	第三产业（亿元）	西部保费收入（亿元）
2011	100234.96	36222	12771.20	51039.27	36424.54	2683.58
2012	113904.80	36428	14332.60	57104.21	42468.04	2921.25
2013	126956.18	36637	15337.70	61271.55	50346.92	3308.52
2014	138099.79	36839	16432.80	65440.52	56226.52	3830.60

数据来源：根据2000—2015年《中国保险年鉴》和《中国统计年鉴》整理并计算后所得。

表3-4中描述了2000—2014年间西部地区生产总值（GDP）与三次产业结构的情况。其中，西部地区生产总值（GDP）是衡量一个地区宏观经济发展状况的主要指标，在2000—2014年，西部地区的地区生产总值（GDP）呈现出较快的发展趋势，由2000年的17276.41亿元增长到2014年的138099.79亿元，增长了近8倍。这反映出西部自进入21世纪以来经济总量快速发展。而图3-3中反映了产业结构升级，第二产业和第三产业快速发展，特别是第二产业对整体经济的快速发展起主导作用，直观反映了西部经济发展的质量。

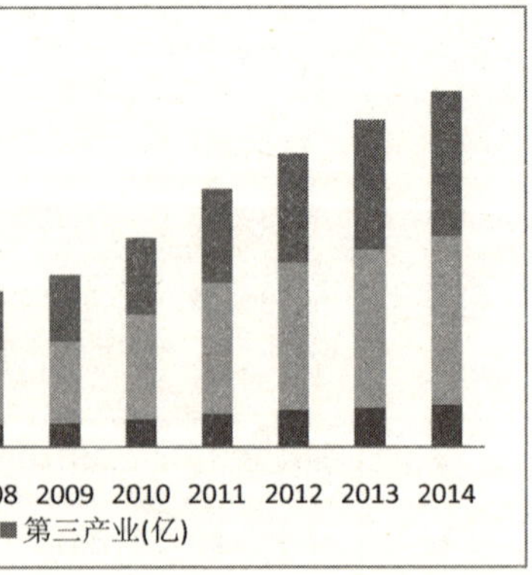

图3-3　2000—2014年的西部地区生产总值（GDP）与产业结构的变化

可以看出，在西部经济快速发展的影响之下，西部区域保险业也得到了较快发展，保费收入呈现出较快的发展趋势。

2. 西部区域保险业发展规模

（1） 西部区域保费收入

保费收入通常用来衡量保险业发展规模，是绝对指标，可以较为直观的反映区域保险业总体发展状况，表 3-5 将西部区域保险业的保费收入与全国作对比，用来分析西部区域保险业规模现状。

表 3-5 2000—2014 年西部区域保费收入及增幅与全国的比较

年份 \ 指标	保险费收入				
	全国（亿元）	增幅（%）	西部（亿元）	增幅（%）	西部保费收入占全国的比重（%）
2000	1595.90	—	279.26	—	17.50
2001	2122.28	32.98	343.13	22.87	16.17
2002	3053.10	43.86	478.77	39.53	15.68
2003	3880.40	27.10	602.99	25.94	15.54
2004	4381.10	12.90	673.49	11.69	15.37
2005	4928.40	12.49	761.16	13.02	15.44
2006	5640.15	14.44	918.21	20.63	16.28
2007	7033.40	24.70	1193.50	28.78	16.81
2008	9784.10	39.11	1728.40	46.14	17.66
2009	11137.30	13.83	2007.40	16.20	18.03
2010	14527.97	30.44	2537.70	26.37	17.47
2011	14339.25	-1.30	2683.53	5.75	18.71
2012	15487.93	8.01	2921.25	8.86	18.86
2013	17222.24	11.20	3308.52	13.26	19.21
2014	20234.81	17.49	3830.60	15.77	18.93

数据来源：根据 2000—2015 年《中国保险年鉴》整理并计算所得。

从表3-5保费收入这一总量指标来看，2000—2014年西部区域保费收入呈现较快的增长态势。在2000年时，西部区域保费收入为279.26亿元，到2014年时，保费收入达到3830.4亿元，增长了近13%，而2000年时，全国保费收入为1585.9亿元，到2014年时，保费收入达到20234.81亿元，增长了11%，可以看出，西部区域的保费收入增幅略高于全国的增幅。2000—2014年间，西部区域保费收入增幅有较大的波动，且较为频繁，在2008年时增幅最大，为46.14%，在2011年时增幅最小，为5.75%，而全国保费收入增幅最大是在2002年，为43.86%，增幅最小是在2001年，为-1.3%，这也是这十多年间全国唯一出现保费收入负增长的情况。从西部区域保险业保费收入和西部区域保险业保费收入增幅与全国保费收入增幅来看，西部区域保险业总体发展较好。

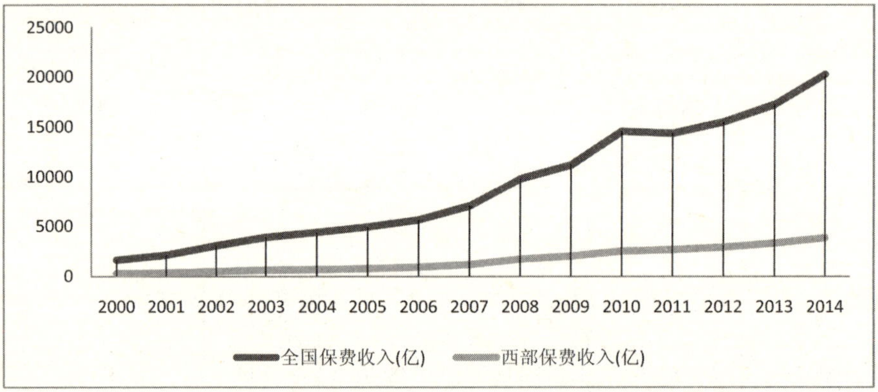

图3-4 2000—2014年的西部地区的保费收入的变化情况

图3-4反映出西部区域保险业发展与全国保险业发展的差距。西部区域保险业在2000—2007年间处于平稳发展态势，而2007年之后，西部区域保险业发展速度明显提高。对于全国来说，保险业发展非常迅速，特别是2006年之后，保险业高速发展，势头强劲。与我国保险业发展相比，西部区域保险业虽然也得到了快速发展，但是保费收入的总量差距却

是越来越大了。

(2)西部区域保险市场份额

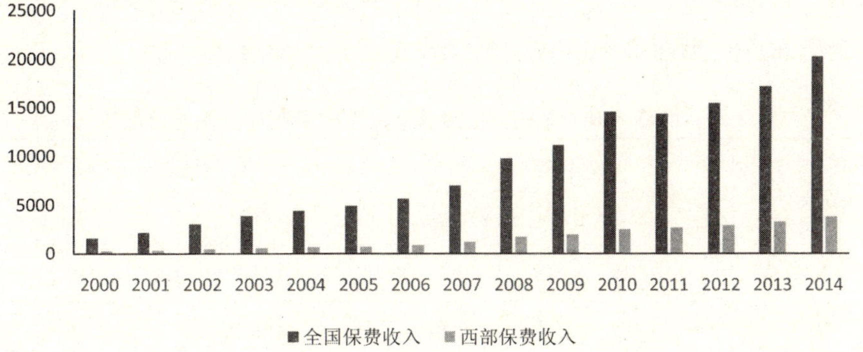

图 3-5　2000—2014 年的西部区域保险份额

保险市场份额即区域保费收入占全国保费收入的比重。从表 3-5 可以看出,在 2000—2014 年间,西部区域保险市场份额在 15%~20%范围内波动,且波动幅度较小,说明西部区域保险市场份额较为稳定。从图 3-5可以看出,西部区域保险市场份额较小,截止 2014 年,保险市场份额最大的年份占 19.21%,最小的年份占 15.37%。

3. 西部区域保险业发展水平

保险密度和保险深度是衡量保险业发展水平的指标,是相对指标。保险密度反映一个国家或地区的保险普及程度,受经济、社会、文化等因素影响。保险深度反映一个国家或地区的保险业在国民经济中的地位。

表 3-6 是 2000—2014 年西部与全国的保险深度、保险密度的数据。根据表 3—6 可以得到西部与全国保险深度对比关系图 3-6 和西部与全国保险密度对比关系图 3-7,从而可以得到在 2000—2014 年保险深度与保险密度发展趋势图,可以较为直观的反映西部区域保险业发展水平。

从保险深度来看,西部与全国相比,保险深度虽然偶尔会高于全国,但大多时候西部都是低于全国的。这从侧面反映了虽然西部区域保险业发展较好，但是在区域经济中的地位仍处于较低水平。从保险密度来看，西部区域保险密度逐年增长，但与全国相比，仍有较大的差距，这也从另一个侧面反映出西部地区人们的保险意识还不够高。

表 3-6　2000—2014 年西部区域保险深度和保险密度指标发展情况

年份＼指标	保险深度(%)		保险密度(元/人)	
	全国	西部	全国	西部
2000	1.60	1.62	125.92	78.37
2001	1.92	1.81	166.29	96.30
2002	2.52	2.28	237.68	133.86
2003	2.84	2.52	300.28	167.51
2004	2.73	2.33	337.04	186.71
2005	2.65	2.23	376.92	211.92
2006	2.59	2.28	429.08	254.94
2007	2.62	2.43	532.31	330.72
2008	3.09	2.86	736.74	476.93
2009	3.22	3.00	834.57	551.71
2010	3.55	3.12	1083.44	703.56
2011	2.96	2.68	1064.26	741.25
2012	2.90	2.57	1143.83	802.23
2013	2.93	2.61	1265.67	903.03
2014	3.18	2.77	1479.35	1039.83

数据来源：根据 2000—2015 年《中国保险年鉴》整理并计算所得。

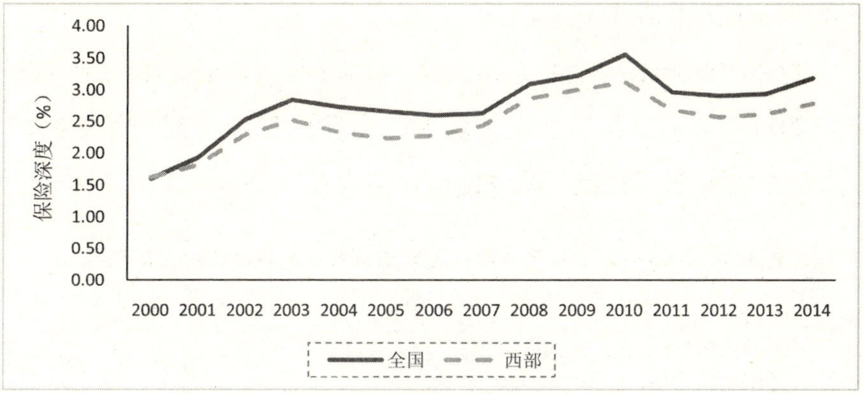

图 3-6　2000—2014 全国与西部的保险深度对比

从图 3-6 可以看出，在 2000 年时，西部和全国的保险深度处在同一个起点，但之后，西部的保险深度始终低于全国，但与全国保持相对一致的发展趋势，可以看出，在保险深度方面，西部与全国相比，虽有差距但差距不大。

从图 3-7 可以看出，2000—2014 年间，无论是全国是还是西部，保险密度都保持了一个较快的增长速度。起初西部较全国有较小的差距，但随着时间的推移，西部区域的保险密度与全国的差距越来越大，并且成为一种趋势。

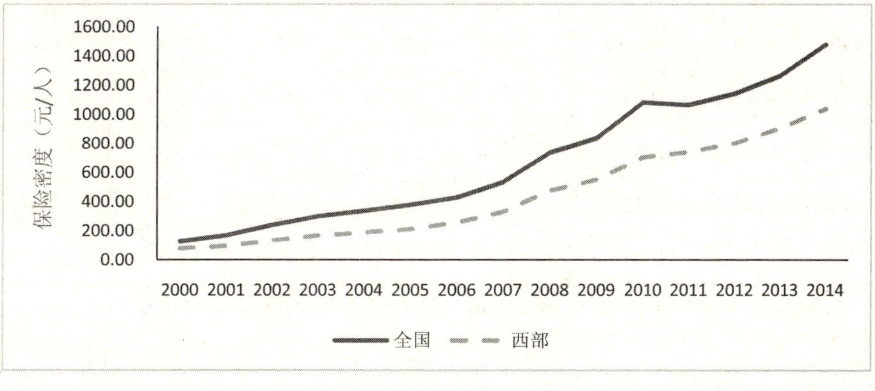

图 3-7　2000—2014 年全国与西部的保险密度对比关系图

4. 西部区域保险业保险结构

保险业的保险结构主要是由人身险和财产险构成。本书通过考察2000—2014年间西部保险业财产险和人身险的保险深度和保险密度变化，如表3-7，对西部区域保险业的保险结构有了较为深入的了解。

表 3-7　2000—2014 年产寿险的保险深度和保险密度指标发展情况

指标 年份	人均地区生产总值（GDP）	财产险			人身险		
		财产险（亿元）	保险深度（%）	保险密度（元/人）	人身险（亿元）	保险深度（%）	保险密度（元/人）
2000	4848.16	115.96	0.67	32.54	163.31	0.95	45.83
2001	5315.73	131.71	0.70	36.97	211.32	1.12	59.31
2002	5859.23	147.60	0.70	41.27	331.19	1.58	92.60
2003	6660.34	170.58	0.71	47.39	432.40	1.80	120.12
2004	8024.28	200.38	0.69	55.55	473.11	1.63	131.16
2005	9490.41	225.56	0.66	62.80	535.59	1.57	149.12
2006	11202.04	276.43	0.69	76.75	616.24	1.53	171.10
2007	13628.92	384.16	0.78	106.45	798.29	1.62	221.21
2008	16679.85	461.11	0.76	127.24	1267.28	2.10	349.69
2009	18406.89	590.70	0.88	162.35	1416.73	2.12	389.37
2010	22570.21	803.85	0.99	222.86	1733.90	2.13	480.72
2011	27672.40	938.51	0.94	259.10	1746.44	1.74	482.15
2012	31268.47	1087.27	0.95	298.47	1835.08	1.61	503.76
2013	34652.45	1312.77	1.03	358.32	1995.63	1.57	544.70
2014	37487.39	1551.34	1.12	421.11	2279.39	1.65	618.74

数据来源：根据2000—2015年《中国保险年鉴》和《中国统计年鉴》整理并计算后所得。

如表3-7所示，在2000年以后西部人均地区生产总值（人均GDP）

稳步增长，与此同时，财产险和人身险的保费收入、保险深度和保险密度也在快速平稳增长。但我们也不难发现，人身险是带动整个西部保险业快速平稳发展的主要因素，在2000年以后的十几年中，无论是保费收入、保险深度还是保险密度，财产险的发展始终都是滞后于人身险的。

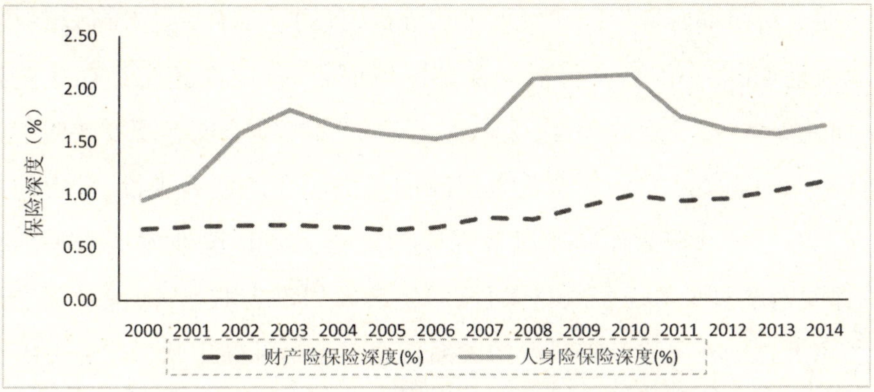

图3-8　2000—2014年财产险、人身险的保险深度对比

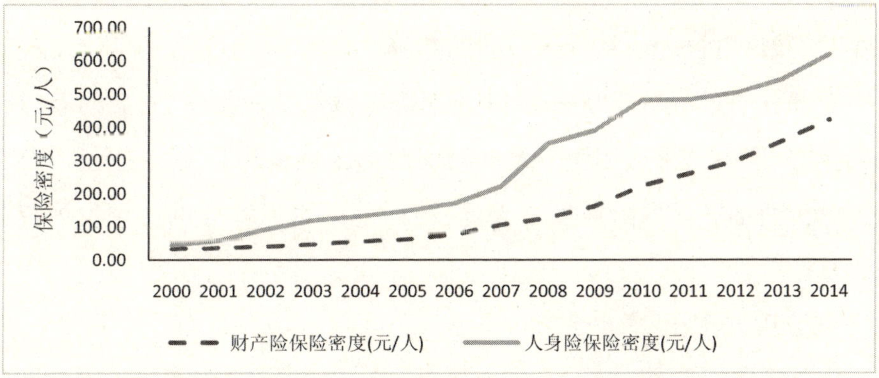

图3-9　2000—2014年财产险、人身险保险密度对比

如图3-8所示，在2000—2014年间财产险和人身险的保险深度的增长显著，财产险的保险深度增长较为平缓，而人身险的保险深度在发展中波动较大。而图3-9则显示出，在2006年之前的六年间，西部的财产险和人身险的保险密度增长都较为平缓，但在此之后财产险和人身险保险密度都表现出了持续、快速增长的势头。

从西部区域保险业的经济社会环境、发展规模、发展水平、保险结构来看，西部区域保险业总体发展较好，但与全国相比，仍有较大差距。

（二）西部区域保险业发展差异实证分析

通过对西部区域保险业发展现状分析，我们不难看出，西部区域保险业总体呈现出上升趋势，但对于西部区域而言，其内部其实是存在差异的，而就保费收入、保险深度、保险密度而言，都不能全面客观反映西部区域保险业的业绩水平。保费收入反映的是保险业的发展规模，考虑的只是自身的总量状况。保险密度和保险深度是反映保险业发展水平的指标，保险密度只是考虑了人口条件，与经济发展没有联系，而保险深度只是考虑了总量状况与经济状况的关系。这三个指标在反映保险业发展业绩水平时都存在缺陷，在这种情况下，一般都选用保险业绩指数这一指标来衡量保险业绩发展水平。保险业绩指数在某种程度上能更好地反映保险业的发展，更合理的衡量区域间的差异。

本部分通过分析2000—2014年西部区域保险业绩指数，并对其进行聚类，结合聚类结果运用锡尔系数测度西部区域保险业发展差异性程度，深入分析西部区域保险业发展差异，为西部区域保险业的协调发展提供理论基础。

1. 分析方法

锡尔系数又称锡尔熵，泰尔指数，是Theil在1967年研究国家之间的收入差距时首次提出来的。此后，学者们在研究其他领域时将其引用并改进，使其广泛应用于差异分析领域，如人口分布差异、区域经济差异、灾害分布差异等方面，学者田乾、金怀玉、苏恒轩也将其引用到保险领域，用来分析保险业区域差异。因此，本书将引用此方法分析西部区域保险业发展差异。但由于锡尔系数法包括对区域间和区域内的差异分析，需要对西部 12 个省份进行分类，所以本书采用聚类分析法辅助锡尔系数法对西部区域保险业发展差异进行分析。

聚类分析是依据样品之间的相似性进行分类的多元统计分析方法，本书选取 2000—2014 年保险业绩指数的均值，采用分层聚类法，对西部 12 个省份作出较为科学合理的分类。

锡尔系数是一个可以按加法分解的不平等系数，是一种具有空间可分解性的区域差异分析方法，其锡尔系数计算公式为：

$$I_{(o)} = \frac{1}{N}\sum_{i=1}^{n}\log\frac{\overline{Y}}{Y_i} \tag{1}$$

式中，$I_{(o)}$ 为锡尔系数，N 指单位数，Y_i 是第 i 个单位的数值水平，$\overline{Y}$ 是 Y_i 的平均数，锡尔系数值越大说明其所衡量的地区发展不均衡的程度越高。

用锡尔系数法衡量差异性的最大优点是：它可以将总体差异分解成区域内差异和区域间差异，并通过计算区域内和区域间各单位的差异对总体差异的贡献度，从而为实现区域协调发展提供理论依据。

锡尔系数包括两个锡尔系数分解指标（T 和 L），两者的不同在于锡尔 T 指标以 GDP 比重加权，锡尔 L 指标以人口比重加权，若按一定的方法将所有单位分成 G 组，那么锡尔系数 $I_{(o)}$ 可以按如下方法进行分解：

$$I_{(o)T} = \sum_{g=1}^{G}P_{gT}I_{(o)g} + \sum_{g=1}^{G}P_{gT}\log\frac{P_{gT}}{V_g} \tag{2}$$

$$I_{(o)L} = \sum_{g=1}^{G}P_{gL}I_{(o)g} + \sum_{g=1}^{G}P_{gL}\log\frac{P_{gL}}{V_g} \tag{3}$$

式中，$I_{(o)L}$ 表示将第 g 组作为一个整体时计算得到的锡尔系数，V_g 表示第 g 组数值水平在总数值水平中的权重，P_{gT} 表示第 g 组地区生产总值在总地区生产总值中的权重，P_{gL} 表示第 g 组人口在总人口中的权重。等式左边代表总体差异；等式右边第一项反映组内差异，可用来衡量区域内部各单位之间的差异；第二项则表示各组之间的差异，用以反映区域之间的差异①。

2. 西部12个省份保险业绩指数聚类分析

保险业绩指数（IPI）是指一年内某省（市）的保险深度指标与全国保险深度指标的比值。计算公式如下：

$$\text{保险业业绩指数}=\frac{\text{区域保险深度}}{\text{全国保险深度}}=\frac{\dfrac{\text{区域保费收入}}{\text{全国保费收入}}}{\dfrac{\text{区域 GDP}}{\text{全国 GDP}}}=\frac{\text{区域保费收入占全国保费收入的比重}}{\text{区域 GDP 占全国 GDP 的比重}}=\frac{\text{区域保险地位}}{\text{区域经济地位}}$$

剖析上述公式，可以得到，若保险业绩指数（IPI）为1，说明该省份保险业整体发展水平和该省份经济发展水平基本相一致；若保险业绩指数（IPI）大于1，说明该省份保险业的整体发展水平好于该省份经济发展水平；若保险业绩指数（IPI）小于1，说明该省份保险业整体发展水平滞后于该省份经济发展水平。

由表3-8可以看出，从2000年到2014年，内蒙古、广西、贵州、青海，保险业绩下滑明显，在2000年时，保险业发展水平和经济发展水平差距很小，甚至相当，但随着时间的推移，保险业发展水平与经济发展水平的差距越来越大，严重滞后于经济发展；重庆、四川、云南、陕西、甘肃、宁夏、新疆保险业发展水平一直和经济发展水平保持一致，其中，重庆、四川在2000年时，保险业发展水平略低于经济发展水平，但随后保险业发展越来越好，与经济发展不相上下；而西藏保险业发展一直处于较低的水平，严重滞后于经济发展。

①苏恒轩．中国寿险业区域协调发展研究［D］．中国科学技术大学博士论文，2011：56-60.

表 3-8　2000—2014 年西部各省份保险业绩指数

年份 \ 地区	内蒙古	广西	重庆	四川	贵州	云南
2000	0.861778	0.921410	0.957159	0.944933	1.021148	1.239639
2001	0.792938	0.849018	0.941511	0.964452	0.980934	1.101195
2002	0.762253	0.837719	0.905092	0.992066	0.876541	1.048485
2003	0.706853	0.809697	0.901711	1.071272	0.834605	1.142251
2004	0.780114	0.833022	0.941821	1.075184	0.861454	1.034317
2005	0.698053	0.821780	0.944023	1.148202	0.911766	1.046905
2006	0.639430	0.745922	1.048566	1.213506	0.924275	1.045472
2007	0.627141	0.707725	1.098774	1.308811	0.843450	0.970202
2008	0.581851	0.664903	1.210628	1.371833	0.785090	1.014534
2009	0.586788	0.639045	1.250228	1.365131	0.812023	0.973793
2010	0.592405	0.600045	1.148324	1.429463	0.854813	1.046575
2011	0.597371	0.677312	1.162732	1.382555	0.863011	1.012106
2012	0.608046	0.712432	1.130847	1.338038	0.854485	1.025700
2013	0.623111	0.731548	1.078361	1.329930	0.861821	1.040297
2014	0.636970	0.720666	1.029428	1.341261	0.828923	1.057778
均值	0.673007	0.751483	1.049947	1.218442	0.874289	1.053283
年份 \ 地区	西藏	陕西	甘肃	青海	宁夏	新疆
2000	0.368142	1.004788	1.119333	1.011215	1.061066	1.062112
2001	0.315331	1.162893	1.123682	1.004147	1.020709	1.263354
2002	0.235553	1.199874	1.189839	0.845497	1.006208	1.404096
2003	0.221262	1.158528	1.162285	0.775443	0.973123	1.311054
2004	0.284777	1.117493	1.131661	0.682336	1.105835	1.325471

续表

年份＼地区	西藏	陕西	甘肃	青海	宁夏	新疆
2005	0.282591	1.108716	1.108925	0.647852	1.150615	1.246736
2006	0.294688	1.076180	1.097083	0.590839	1.164638	1.232386
2007	0.323468	1.077251	1.072920	0.555077	1.075177	1.238922
2008	0.287867	1.024503	1.076216	0.484458	0.923494	1.277315
2009	0.303124	1.044864	1.126502	0.561882	0.968374	1.222266
2010	0.307235	1.057805	1.139261	0.553503	0.917416	1.054358
2011	0.468323	1.025535	1.047975	0.623305	0.982757	1.150002
2012	0.530418	0.985176	1.095245	0.666926	1.043638	1.223319
2013	0.537731	0.988500	1.017549	0.705607	1.082324	1.242896
2014	0.499567	0.971599	1.099132	0.721399	1.099320	1.233962
均值	0.350672	1.066914	1.107174	0.695299	1.038313	1.232550

数据来源：根据 2000—2015 年《中国保险年鉴》和《中国统计年鉴》整理并计算后所得。

从 2000 年到 2014 年总体发展均值来看，有 7 个省份的保险业绩指数大于 1，占西部 12 个省份的 58.3%，有 5 个省市的保险业绩指数小于 1，占西部 12 个省份的 41.7%，说明西部地区大部分省份保险业发展较好。从 2000—2014 年总体发展来看，贵州和青海的保险业绩下滑明显，西部地区保险业绩占比情况基本保持稳定。总的来说，西部区域保险业的发展状况与当地经济发展状况具有较强的正相关性。

选用 2000—2014 年西部各省份的保险业绩指数均值，利用spss20.0 分析软件中的欧式距离平方法（Squared euclidean distance）度量省保险业发展水平的相似程度，用组间连接法进行分层聚类，聚类结果如图 3-10。

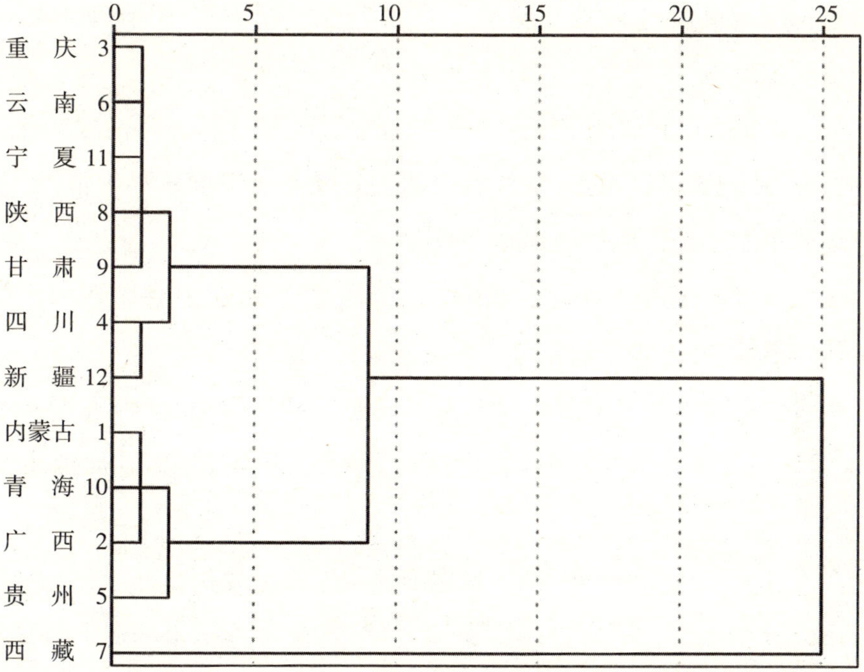

图 3-10 聚类结果树状图

由图 3-10 可以看出，西部 12 个省份的保险业发展水平共有 3 个层次，即 G1（四川、重庆、陕西、宁夏、新疆、云南）、G2（广西、贵州、甘肃、青海）、G3（西藏），因此将西部 12 个省份分成 3 类较为科学合理，如表 3-9 所示。

表 3-9 2014 年西部省份保险业发展水平聚类结果

第一类（G1）	四川、重庆、陕西、宁夏、新疆、云南
第二类（G2）	广西、贵州、甘肃、青海
第三类（G3）	西藏

从聚类结果可以看出，西部 12 个省份被分成了三大类：

第一类（G1）的 IPI 均值大于 1，包括四川、重庆、陕西、宁夏、新疆、云南六个省份，它们的保险业发展水平与经济发展水平相当，保险地位随经济地位同步提高。

第二类（G2）的 IPI 均值在 0.6 和 1 之间，包括广西、贵州、甘肃、青海四个省份，从表 5 可以看出，第二类中的各省保险业发展水平下滑严重，保险地位不能随经济地位的提高而提高。

第三类（G3）的 IPI 均值小于 0.6，只有西藏自治区，其保险业的发展水平相对落后，并严重滞后于经济发展水平。

由保险业绩指数及其聚类结果分析得出，西部区域保险业发展水平不一，保险业的地位与经济地位的匹配也存在差异，需要更加深入的分析。

3. 基于锡尔系数法的西部区域保险业发展差异分析

本部分根据表 3-9 关于西部 12 个省份的聚类结果，利用 2000—2014 年西部各省份的数据，采用保费收入指标，分别以人口和地区生产总值（GDP）为权重分析西部区域保险业发展差异程度。以保费收入为指标，以人口为权重即锡尔 L，计算所得到的结果反映的是数量差异①，数量差异即数量效应，反映的是保险资源空间布局的数量。以保费收入为指标，地区生产总值（GDP）为权重即锡尔 T，计算得到的结果反映的是效率差异②，效率差异即效率效应，反映区域保险业功能的发挥程度。

---

①数量差异即数量效应，是指保险资源空间布局的数量。根据王纪全，张晓燕《中国金融资源的地区比较和经济分析》关于区域金融的研究，使用金融机构存贷款和保费收入两个指标来表示金融资源空间布局的数量，借鉴区域金融发展的指标选择的原则，并结合数据的可得性，在数量差异的分析中，本书将以保费收入为区域保险业发展的变量指标，以人口为权重，对西部区域保险业区域发展的效率差异进行分析。

②效率差异即效率效应，是指区域保险业功能的发挥程度。根据王纪全，张晓燕《中国金融资源的地区比较和经济分析》关于区域金融的研究，通常是运用金融相关比率来衡量一个国家或地区的金融发展效率，这一指标一般用存贷款总额除以 GDP 表示。在本书的研究中将借鉴这一指标对我国区域保险业发展的效率水平进行衡量，即以保费收入为区域保险业发展的变量指标，以 GDP 为权重计算锡尔系数，对西部区域保险业区域发展的效率差异进行分析。

（1）西部区域保险业发展数量差异分析

根据锡尔系数的计算公式及相关的数据，计算得出西部 G1（四川、重庆、陕西、宁夏、新疆、云南）、G2（广西、贵州、甘肃、青海）、G3（西藏）区域发展数量差异锡尔系数，如表 7 所示。

从图 3-9 可以看出，2000—2014 年，西部区域数量差异锡尔系数在 2000—2001 年处于下降趋势，2001—2008 年处于上升趋势，2008—2014 年处于下降趋势，其中，2008—2011 年下降趋势相对于 2011—2014 年的下降趋势较快。总的来说，西部区域在 2000—2014 年间锡尔系数的变动趋势是先上升后略微下降，这说明，西部三区域 G1（四川、重庆、陕西、宁夏、新疆、云南）、G2（广西、贵州、甘肃、青海）、G3（西藏）保险业发展差异呈现出先扩大后略微缩小的趋势，但与 2000 年相比区域差异差距还是有所扩大。

从总体差异、区域内差异及区域间数量差异的锡尔系数可以看出，反映区域间数量差异的锡尔系数走势与反映总体数量差异的锡尔系数走势在 2000—2004 年、2008—2014 年基本一致，而在 2004—2008 年间略有不同，区域内数量差异锡尔系数与总体数量差异锡尔系数的上升趋势较一致，反映区域内数量差异的锡尔系数在 2001—2004 年间上升趋势较为明显，在 2004 年后趋于平缓。这说明，西部区域保险业发展差异由区域内差异和区域间差异共同作用引起，且在 2000—2003 年、2008—2014 年间区域间差异对西部区域保险业发展差异影响较大，而 2004—2008 年间区域内差异对西部区域保险业发展差异影响较大。

表 3-10　2000—2014 年西部区域保险业发展数量差异的总体锡尔系数及其分解(L)

L / 年份	G1、G2、G3 区域差异值			总体、区域内、区域间差异值①及其贡献率				
	G1	G2	G3	总体	区域内	组内贡献率(%)	区域间	组间贡献率(%)
2000	0.0647	0.0300	0	0.0995	0.0947	95.19	0.0048	4.81
2001	0.0641	0.0272	0	0.0992	0.0914	92.16	0.0078	7.84
2002	0.0639	0.0312	0	0.1059	0.0951	89.83	0.0108	10.17
2003	0.0639	0.0323	0	0.1093	0.0962	88.04	0.0131	11.96
2004	0.0636	0.0388	0	0.1122	0.1024	91.27	0.0098	8.73
2005	0.0654	0.0382	0	0.1122	0.1036	92.26	0.0087	7.74
2006	0.0653	0.0386	0	0.1148	0.1039	90.54	0.0109	9.46
2007	0.0654	0.0401	0	0.1174	0.1055	89.93	0.0118	10.07
2008	0.0655	0.0418	0	0.1222	0.1073	87.82	0.0149	12.18
2009	0.0657	0.0387	0	0.1183	0.1045	88.31	0.0138	11.69
2010	0.0667	0.0370	0	0.1174	0.1037	88.36	0.0137	11.64
2011	0.0667	0.0351	0	0.1076	0.1019	94.64	0.0058	5.36
2012	0.0667	0.0335	0	0.1089	0.1002	91.97	0.0087	8.03
2013	0.0667	0.0316	0	0.1061	0.0983	92.61	0.0078	7.39
2014	0.0667	0.0306	0	0.1055	0.0973	92.19	0.0082	7.81

数据来源：根据保费收入、人口运用锡尔系数公式计算并整理所得。

①组内(区域内)由$\sum_{g=1}^{G}P_{gL}I_{(o)g}$算得到，表示的是西部各个区域 G1、G2、G3 之间在保费收入方面的差异；组间(区域间)由$\sum_{g=1}^{G}P_{gL}\log\frac{P_{gL}}{V_g}$计算得到，反映西部 G1、G2、G3 区域之间在保费收入方面的差异；总体由$I_{(o)}=\sum_{g=1}^{G}P_{gL}I_{(o)g}+\sum_{g=1}^{G}P_{gL}\log\frac{P_{gL}}{V_g}$计算得到，反映西部区域保险业保费收入的整体区域差异。

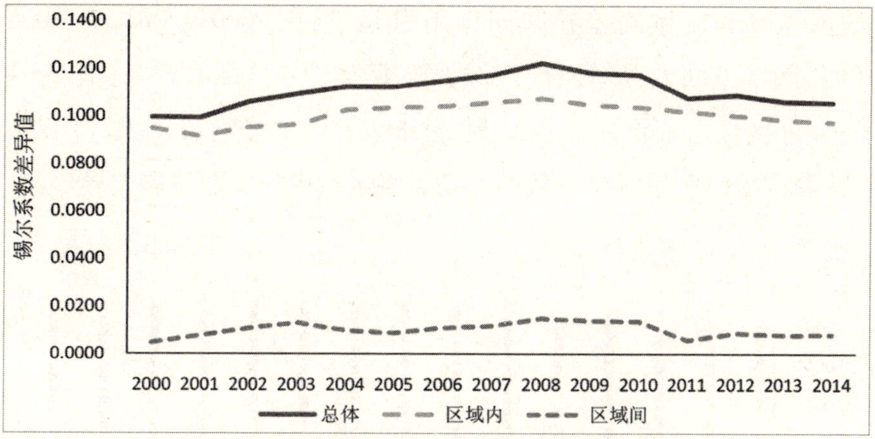

图 3-11 2000—2014 西部区域保险业发展数量差异

从表 3-10 可以看出，区域内数量差异锡尔系数对西部区域保险业发展差异做出主要贡献。在 2000—2014 年间，区域内数量差异贡献率基本在 90%以上，只有 6 年低于 90%，基本上呈现先下降又上升的趋势，且变化幅度很小，其中只有 2004—2006 年少许上升，略微引起波动。而区域间数量差异对西部区域保险业发展差异影响非常小，贡献率低于 10%，只有 6 年略微超过 10%，且变化趋势波动较频繁。这可以说明，G1、G2、G3 区域内的差异是西部区域保险业发展数量差异的主要体现。

对比分析 G1（四川、重庆、陕西、宁夏、新疆、云南）、G2（广西、贵州、甘肃、青海）、G3（西藏）三个区域的数量差异锡尔系数可以看出，G1（四川、重庆、陕西、宁夏、新疆、云南）的锡尔系数在 2000—2014 年期间走势非常稳定，且是三区域内最高的，G2（广西、贵州、甘肃、青海）的锡尔系数呈现出先上升后下降的走势，在 2001 年时开始上升，在 2008 年时开始下降，而 G3（西藏）由于只有西藏一个省份，所以锡尔系数始终为零。总体而言，三个区的锡尔系数是呈先上升后下降的趋势。

通过对西部区域保险业发展数量差异分析可知，对西部区域保险业发展差异贡献比较大的是区域内差异；而西部区域保险业的发展差异由区域内差异和区域间差异共同作用引起，且在2000—2003年、2008—2014年间区域间差异对西部区域保险业发展差异影响较大，而2004—2008年间区域内差异对西部区域保险业发展差异影响较大；G2（广西、贵州、甘肃、青海）区域锡尔系数的变动影响区域内保险业发展差异。

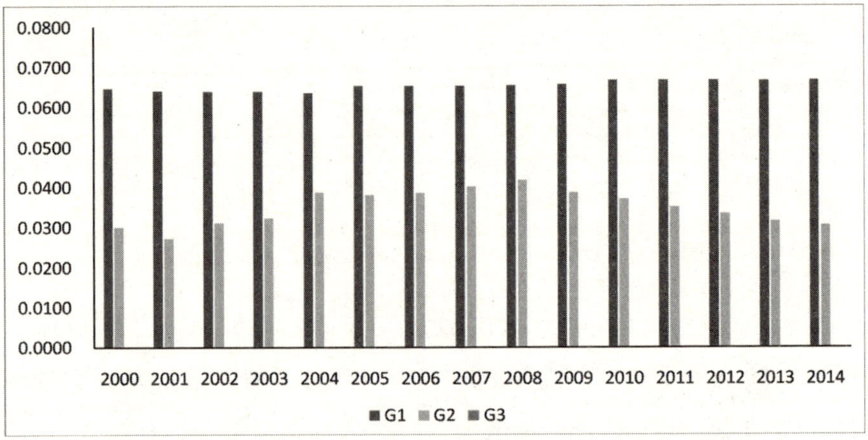

图3-12　2000—2014年西部区域保险业各区域发展数量差异

（2）西部区域保险业发展效率差异分析

根据锡尔系数的计算公式及相关数据，计算得出西部G1（四川、重庆、陕西、宁夏、新疆、云南）、G2（广西、贵州、甘肃、青海）、G3（西藏）区域发展效率差异锡尔系数，如表3-11所示。

从图3-13可以看出，2000—2014年，西部区域保险业总体发展效率差异较为曲折。在2000—2008年，西部保险业效率差异呈现出明显的上升趋势，在2008—2011年，西部保险业效率差异呈下降趋势，并在2009年后以更快的速度下降，而在2011年时这种效率差异的下降幅度突然放缓，截至2014年，一直处于平稳状态。

从总体差异、区域内差异及区域间效率差异可以看出，反映区域间效率差异锡尔系数走势与反映总体效率差异锡尔系数的走势基本一致，都是在2000—2008年呈现出持续上升的趋势，而在2008—2011年间以两

表 3-11　2000—2014 年西部区域保险业发展效率差异的总体锡尔系数及其分解(T)

T 年份	G1、G2、G3 区域差异值			总体、区域内、区域间差异值①及其贡献率				
	G1	G2	G3	总体	区域内	区域内贡献率(%)	区域间	区域内贡献率(%)
2000	0.0718	0.0267	0	0.1000	0.0984	98.40	0.0016	1.60
2001	0.0712	0.0242	0	0.0987	0.0954	96.71	0.0032	3.29
2002	0.0707	0.0278	0	0.1041	0.0986	94.71	0.0055	5.29
2003	0.0698	0.0293	0	0.1067	0.0991	92.86	0.0076	7.14
2004	0.0689	0.0355	0	0.1100	0.1044	94.97	0.0055	5.03
2005	0.0673	0.0370	0	0.1112	0.1043	93.81	0.0069	6.19
2006	0.0658	0.0384	0	0.1143	0.1042	91.13	0.0101	8.87
2007	0.0640	0.0412	0	0.1182	0.1052	88.98	0.0130	11.02
2008	0.0624	0.0442	0	0.1249	0.1066	85.35	0.0183	14.65
2009	0.0618	0.0415	0	0.1216	0.1033	84.92	0.0183	15.08
2010	0.0622	0.0401	0	0.1209	0.1023	84.59	0.0186	15.41
2011	0.0623	0.0381	0	0.1093	0.1003	91.79	0.0090	8.21
2012	0.0628	0.0359	0	0.1111	0.0987	88.89	0.0123	11.11
2013	0.0634	0.0336	0	0.1076	0.0970	90.11	0.0106	9.89
2014	0.0636	0.0324	0	0.1068	0.0960	89.86	0.0108	10.14

数据来源:根据保费收入、地区生产总值(GDP)运用锡尔系数公式计算并整理所得。

种不同的速度下降,并在 2011 年之后趋于稳定。反映区域内效率差异的锡尔系数在 2001—2004 年间呈缓慢上升趋势,在 2004 年后呈缓慢下降

①组内(区域内)由$I_o=\sum_{g=1}^{G}P_{gT}I_{(o)g}$计算得到,表示的是西部各个区域 G1、G2、G3 之间在保费收入方面的差异;组间(区域间)由$\sum_{g=1}^{G}P_{gT}\log\frac{P_{gT}}{V_g}$计算得到,反映西部 G1、G2、G3 区域之间在保费收入方面的差异;总体由$I_{(o)}=\sum_{g=1}^{G}P_{gT}I_{(o)g}+\sum_{g=1}^{G}P_{gT}\log\frac{P_{gT}}{V_g}$计算得到,反映西部区域保险业保费收入的整体区域差异。

趋势。这说明,西部区域保险业发展差异主要由区域间差异引起,区域间效率差异的锡尔系数对西部区域保险业发展差异影响较大。

从表3-11可以看出,区域内效率差异主要影响西部区域保险业发展差异。在2000—2014年间,区域内效率差异贡献率基本在90%以上,只有6年低于90%,且在2000—2006年间呈现较快的下降趋势,在2000—2010年间以低于90%的贡献率稳定发展,2011年之后在90%的贡献率左右震荡。而区域间效率差异对西部区域保险业发展差异影响非常小,贡献率基本上低于10%,只有6年超过10%,且变化趋势波动较大。这可以说明,G1、G2、G3区域内的差异是西部区域保险业发展效率差异的主要体现。

对比分析G1(四川、重庆、陕西、宁夏、新疆、云南)、G2(广西、贵州、甘肃、青海)、G3(西藏)三个区域的效率差异锡尔系数可以看出,G1(四川、重庆、陕西、宁夏、新疆、云南)的锡尔系数在2000—2014年间的走势呈下降趋势,且是三区域内最高的,G2(广西、贵州、甘肃、青海)的锡尔系数呈现出先上升后下降的走势,在2001年时开始上升,在2008年时开始下降,而G3(西藏)由于只有西藏一个省份,所以锡尔系数始终为零。总体而言,三个区域效率差异锡尔系数是呈先上升后下降的趋势。

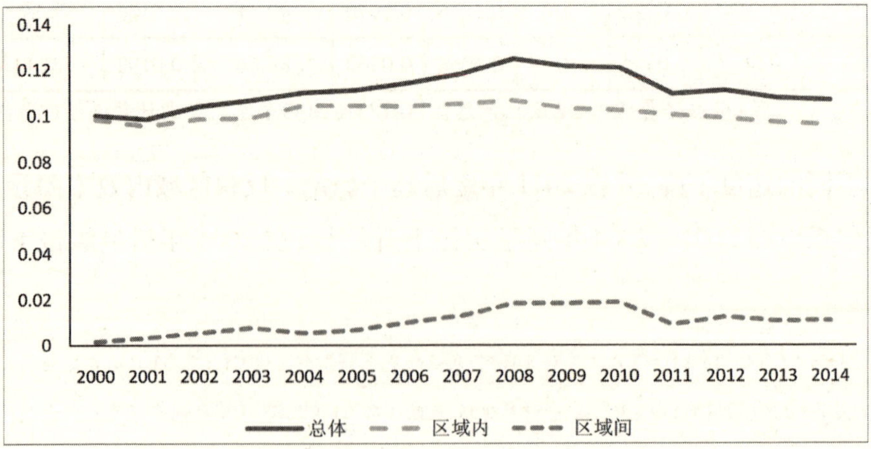

图3-13 2000—2014西部区域保险业发展效率差异

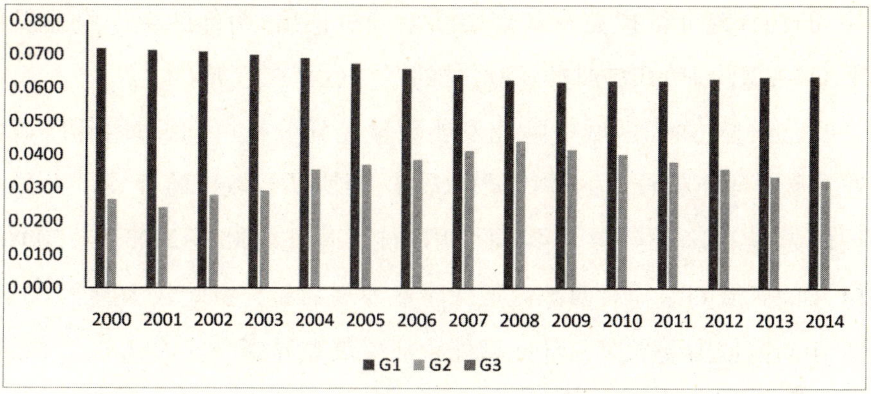

图 3-14　2000—2014 年西部区域保险业各区域发展效率差异

通过对西部区域保险业发展效率差异分析可知，对西部区域保险业发展差异贡献较大的是区域内差异；而西部区域保险业发展差异由区域间差异引起；G1（四川、重庆、陕西、宁夏、新疆、云南）、G2（广西、贵州、甘肃、青海）两区域锡尔系数的变动共同影响区域内保险业发展差异。

4. 西部区域保险业发展差异实证分析结论

本部分以西部区域保险业发展差异为研究基础，通过对 2000—2014 年相关指标分析，对西部区域保险业发展现状有了较为直观的了解。选取保险业绩指数运用聚类分析法对西部区域做了较为科学合理的分类，将西部 12 个省（区）分为三类，即 G1（四川、重庆、陕西、宁夏、新疆、云南）、G2（广西、贵州、甘肃、青海）、G3（西藏），并采用锡尔系数法对西部总体、区域内及区域间的保费收入数量差异和效率差异进行分析，多角度、多层面地分析了西部区域保险业发展差异，得出如下结论。

（1）通过计算西部区域保险业业绩指数可以看出，内蒙古、广西、贵州、青海保险业绩下滑明显，保险业发展水平与经济发展水平的差距越来越大，严重滞后于经济发展；重庆、四川、云南、陕西、甘肃、宁夏、新疆保险业发展水平一直和经济发展水平保持较一致；而西藏保险业发展一直处于较低的水平，严重滞后于经济发展。

（2）由保险业绩指数及其聚类结果分析得出，西部区域保险业发展水平不一，保险业的地位与经济地位的匹配也存在差异。

（3）通过对西部区域保险业发展数量差异分析可知，对西部区域保险业发展差异贡献较大的是区域内差异；而西部区域保险业发展差异由区域内差异和区域间差异共同作用引起，且在 2000—2003 年、2008—2014 年间区域间差异对西部区域保险业发展的差异影响较大，而 2004—2008 年间区域内差异对西部区域保险业发展差异影响较大；G2（广西、贵州、甘肃、青海）区域锡尔系数的变动影响区域内保险业发展差异。

（4）通过对西部区域保险业发展效率差异分析可知，对西部区域保险业发展差异贡献比较大的是区域内差异；而西部区域保险业发展差异由区域间差异引起；G1（四川、重庆、陕西、宁夏、新疆、云南）、G2（广西、贵州、甘肃、青海）两区域锡尔系数的变动共同影响区域内保险业发展差异。

三、宁夏保险业发展分析

宁夏回族自治区位于中国西部的黄河上游地区，东邻陕西省，西部、北部接内蒙古自治区，南部与甘肃省相连。宁夏疆域轮廓南北长、东西短，总面积 6.64 万平方公里，占全国国土总面积 963.41 万平方公里的 6.89‰，是中国面积最小的省区之一。2014 年年末，宁夏常住人口 661.54 万人，占全国总人口 13.68 亿的 5‰，总人口仅仅多于青海省和西藏自治区。在常住人口中，回族人口 236.14 万人，约占宁夏总人口的35.7%，约占全国回族总人口的五分之一，是我国最大的回族聚居区。

1958 年 10 月 25 日，成立宁夏回族自治区人民政府。全区现辖银川、石嘴山、吴忠、固原、中卫 5 个地级市，下设青铜峡市、灵武市两个县级市和永宁县、贺兰县、平罗县、盐池县、同心县、西吉县、泾源县、隆德县、彭阳县、中宁县、海原县11个县，另设有兴庆区、金凤区、西夏区、大武口区、惠农区、利通区、原州区和红寺堡开发区8个区。

改革开放30多年来，宁夏经济以较高的速度不断增长，在大多数年份中都高于全国平均经济增长幅度。产业结构不断优化调整，综合经济实力显著提高，人民生活水平持续改善。2014年，宁夏实现地区生产总值2750亿元，经济增长速度为8%，大约比全国高出0.6个百分点，其中一、二、三产业分别增长5.6%、9%和7%。地方公共财政预算收入339.8亿元，增长10.2%。全社会固定资产投资3201亿元，增长19.4%。社会消费品零售总额673.2亿元，增长10.3%。城镇居民和农村常住居民人均可支配收入分别达23285元和8410元，分别增长8.4%和10.7%。人民币存贷款余额分别达4209亿元和4578亿元。城镇登记失业率4.02%。居民消费价格总水平涨幅1.9%。人口自然增长率控制在9‰以内。宁夏经济运行和社会发展总体上继续呈现出相对平稳、全面协调发展的态势。①

（一）宁夏保险业发展回顾

1. 1978年以前，起步探索和曲折发展阶段

新中国成立以前，宁夏人口稀少，经济落后，以农牧业生产为主，民族工商业很不发达，长期没有专门的保险机构。新中国成立后才拉开了宁夏保险业发展的序幕。宁夏保险业创建初期，经历了艰难曲折的探索和发展历程。

（1）机构人员发展

1950年7月17日，中国人民保险公司（以下简称人保）宁夏省分公司成立，有职工21人，经理由省人民银行行长兼任，受人保西北区公司和人民银行宁夏省分行双重领导，业务上以西北区公司领导为主。之后，随

①本书中2014年宁夏经济发展相关指标的数据来源于《宁夏回族自治区统计局关于2014年国民经济和社会发展的统计公报》《2015年宁夏回族自治区政府工作报告》和宁夏保险监管局网站等，其他年份的数据均来源于各年《中国统计年鉴》《宁夏统计年鉴》及《中国保险年鉴》等。

着中央财政部自上而下的体制变革，人保宁夏省分公司先后改由人民银行宁夏省分行和宁夏省财政厅领导。

与此同时，人保宁夏省分公司也加大力度进行基层机构建设。从1951年3月开始，到1952年年底，公司基层机构基本铺设完成，机构遍布全省13个县(区)，职工总数达到254人，成为20世纪50年代宁夏保险业干部最多的时期。1954年，继宁夏省建制撤销，与甘肃省合并后，人保宁夏省分公司撤销，与甘肃省分公司合并。到1954年年底，宁夏共有保险职工50人。

1958年7月1日，人保宁夏回族自治区分公司成立。1958年10月25日，宁夏回族自治区正式成立，宁夏保险业的省级管理模式正式确立，并一直延续到1960年宁夏保险业务全面停业时。

(2)保险业务发展

新中国成立初期，宁夏省分公司积极配合国家工作，积极开展各种国内保险业务。这段时期，强制保险业务为保险业务的推广提供了强有力的政策平台。宁夏先后通过政策和文件推行了旅客强制保险、财产强制保险、运输工具强制保险等业务。同时，也开办了团体人身保险、简易人身保险、牲畜保险、养猪保险、私营工商企业财产火灾自愿保险、物资运输保险和运输工具保险等10多项自愿保险业务。1954年，人保宁夏省分公司撤销后，宁夏保险业放慢了发展的脚步，但仍在多个方面实现了新突破。1960年2月11日，撤销了人保宁夏分公司及其所属分支机构，保险业务停办，保险人员转向各行各业。此后，宁夏保险业务停办长达20年之久。

(3)保险业经营成果

宁夏保险业自1950年7月诞生至1958年年底，宁夏保险工作取得的成绩主要表现在三个方面。第一，加强机构建设，发展以促进生产为中心的保险服务先后在国营企业和公私合营企业中开办了财产强制保险、运输保险、火灾保险及牲畜保险等业务。通过这些保险业务,及时对投保者因自然灾害和意外事故所造成的财产损失和人身伤亡给予经济补偿,对促进生产发展和安定人民生活起到了积极的经济补偿作用。第二,加强防灾工作,减少了灾害发生。保险公司积极配合有关部门对参保机关企业及群众进行防火的宣传和重点检查,加强防火和推行安全措施等工作,减少了灾害事故的发生。这在当时高度集中的计划经济体制下,对保护国家与社会财产的安全、节约财政支出、维护国家预算正确执行起到了积极作用。第三,加强经营管理,积极为国家建设积累资金。从 1950 年到 1958 年,宁夏保险业共实现保费收入 231 万元,支付各种赔款 59.7 万元,向国家缴纳税款 4.7 万元,各项费用支出 68.8 万元,净盈余 87.9 万元,平均每年为国家积累资金近 11 万元。经过起步探索阶段,宁夏保险业初露头角,显现出它对宁夏社会经济发展积极的推动作用。

2. 1979 年到 1995 年,保险业全面恢复和保险市场初步建立阶段

1978 年改革开放后,宁夏保险业开始迈入新的篇章。这一时期是宁夏保险市场基本建成的阶段,是宁夏保险产业发展史上的重要篇章。其间,宁夏保险产业发展战略确立、保险市场开拓和保险机构组织建立都对以后产生了很大的影响。

(1)机构发展

1979 年 4 月,国务院决定逐步恢复国内保险业务。随后 1979 年 7 月,人保银川分公司成立,主要接办货物运输保险和进口货物残损检验工作,随后又开办了企业财产保险。1980 年 6 月 11 日,人保银川分公司升格为宁夏分公司,负责全区保险工作,受人保总公司和人民银行宁夏分行双重领导。7 月,开始恢复国内保险业务,这标志着宁夏保险业全面恢复经营。

1990 年 12 月底,根据人保总公司《关于系统机构编制管理规定》的

要求，将原来的两级核算体制改为总公司、分公司和中心支公司三级核算体制，为保险机构建立了新的管理模式。从1980年到1990年，人保宁夏分公司在全区4个地（市）、21个县（市、区）设立机构27个，覆盖全区的保险服务网络初步建立。有专职保险干部427人。

从20世纪90年代开始，独家经营的市场格局逐渐被打破。1992年11月23日，中国平安保险公司在宁夏设立了代理处，次年初正式对外营业。1994年更名为“中国平安保险公司银川办事处”，并于1995年，率先在全区引入寿险营销体制。这一营销模式创新带来了传统销售方式的变革，带动了个人寿险产品创新和服务创新，推动了人身保险业务的快速发展。中国平安保险公司银川办事处的设立，为宁夏保险市场引入了竞争格局，标志着宁夏保险业结束了人保宁夏分公司独家经营的局面。宁夏保险产业市场由垄断结构开始进入双寡头结构。

（2）保险业务发展

1980年恢复国内保险业务后，宁夏保险业迅速发展。到1995年底，宁夏保险业恢复和市场初创阶段基本完成，保险产品也从恢复初期的少数几个财产保险品种扩展到产险、寿险、意外险等十几个品种，保险业务领域逐步扩大。这一时期的水稻育秧保险、啤酒花保险和地震人身平安保险在全国均属首家开办。保险的服务范围也从城市到农村、从财产到人身、从团体到个人、从国内到国外，不断扩大、不断发展，初步适应了全区经济发展和人民群众的保险需求，保险业在地方经济社会的地位不断提升。

（3）保险业经营成果

从1980年到1995年期间，宁夏保险业保费收入由不到50万元增加到近2亿元，平均增速达49.17%。1995年，宁夏保险业实现保费收入2亿元，较1980年增长406倍。其中财产保险实现保费收入1.37亿元、人身保险实现保费收入0.63亿元。1995年,宁夏保险业累计赔付支出6488万元,较1981年增长540倍。其中,财产保险赔款支出5851万元,人身保险赔款支出637万元。保险深度为1.18%,较1980年增长37倍;保险密度为38.96元,较1980年增长293倍。这一时期,宁夏保险业取得长足发展,经济补偿功能日渐显现,对当地企业生产经营稳定和人民生活的安定作用逐渐凸显,宁夏保险业在地方经济发展中发挥了保驾护航的作用。

3. 1996年至2002年,保险业分业经营和专业化监管确立阶段

1995年6月30日《保险法》颁布为保险业的发展揭开了崭新的一页。《保险法》关于产、寿险分业经营的规定,以及中国保险监督管理委员会乃至银川特派员办事处的成立对宁夏保险业的发展产生了深远的影响,宁夏保险业进入了分业经营和专业化监管确立的重要阶段。

(1)机构人员发展

1996年中国人民保险公司改制,改制后宁夏保险市场的人保公司分为中保财险和中保人寿两家公司,加上中国平安银川分公司,宁夏保险市场出现三家保险公司。2000年,中国平安分业改制,银川分公司产险、寿险分业经营区域扩大到宁夏全境,宁夏保险业的竞争格局逐步形成。2002年8月,中国太保银川分公司正式开业。市场主体的增加,市场竞争度提高,极大地促进了宁夏保险业的发展。

到2002年底,宁夏保险业共有保险市场主体5家,下辖分支机构119个,其中保险营销服务部54家。各保险分公司的经营区域进一步扩大,新的市场竞争格局正在逐步形成。同时,保险中介市场发展也十分迅速。2002年底,全区共有兼业保险代理机构293个,其中银行、邮政兼业机构114家,持证保险代理人员4493人。

(2)保险监管工作

2001年2月12日,中国保监会银川特派员办事处正式成立。2001年9月28日,宁夏保险行业协会成立,宁夏保险行业建立了行业自律性社团组织。从此,宁夏保险业的市场监督管理体系和行业自律组织初步建立,宁夏的保险业走上了专业监管、规范经营的道路。

(3)保险业务发展

随着保险体制改革的不断深入,竞争格局初步形成,保险市场的微观运行机制和宏观管理体制逐步建立,产、寿险分业经营得以落实,实行专业化监管,加快商业化改进,使国营保险公司逐步向现代企业制度迈进,业务发展也取得了显著成绩。突出表现在以下几个方面:第一,业务范围进一步拓宽。财产险在传统的企业财产保险、机动车辆保险等险种的基础上,工程保险、责任保险等险种得到迅速发展;随着营销制度吸引越来越多的消费者了解了人身保险,参加了人身保险,保险也逐步渗透到民众生活的各个方面。第二,保险产品更为丰富。特别是一些两全、分红,投资联结产品的推出极大地满足了广大群众的个性化需求。第三,服务水平不断提高。各公司普遍都实现了省级业务集中处理,整合客户服务专线,客户至上的观点逐渐深入人心。一些公司还推出了各具特色的服务承诺,将彼此分散、相互独立的服务模式,转变为全系统的联合对外服务。保险服务在企业组织经营管理中的重要性日渐提升。

(4)保险业经营成果

《保险法》的颁布、分业经营政策的出台以及中国保监会的成立为保险业规范稳健发展创造了良好的环境。在此背景下,宁夏保险业和全国保险也实现了共同繁荣。1996年到2002年,宁夏保险业保费收入从2亿元增加到8亿元,年平均增速27%。2002年,宁夏保险业实现保费收入8.67亿元,较1996年增长3.26倍。其中,财产保险实现保费收入2.33亿元，人身险实现保费收入6.34亿元。2002年，宁夏保险业累计赔付支出2.29亿元，较1996年增长1.6倍。其中，财产险赔付支出1.17亿元，人身险赔付支出1.12亿元。宁夏保险深度为2.63%，较1996年增长1.5倍；保险密度为152元，较1996年增长2.89倍。

这段时期，宁夏保险业从小到大，保险机构由少到多，保险市场由独家经营到多方竞争，与地方经济的发展和人民生活水平的提高密不可分。各保险公司在改善经营管理、改革创新、队伍建设以及防范和化解经营风险等方面取得了显著成绩，为促进宁夏的经济建设维护社会稳定发挥了重要作用。

4. 2003年以后，全面持续快速健康协调发展阶段

（1）机构人员发展

宁夏保险业市场主体建设在这一时期突飞猛进。随着宁夏地方经济的快速发展，越来越多的保险机构看好宁夏市场，数家保险公司先后在宁夏设立分支机构，大力发展保险业务。2003年7月，中国人民保险公司改制；2003年10月，中国人寿保险公司改制，宁夏的分支机构名称也做了相应的调整。2004年11月，中国平安保险完成分业和改制。至此，宁夏保险市场三足鼎立时期的市场主体全部完成了分业改制。

老公司改制的同时，新的保险主体也呈现出了迅猛的发展势头，2004年7月，新华人寿在宁夏开业。2006年2月安邦财险宁夏分公司开业。2007年1月平安养老宁夏分公司开业。2007年3月大地财险宁夏分公司开业。2007年9月合众人寿宁夏分公司开业，2008年4月太平洋人寿宁夏分公司开业，等等。截至2014年末宁夏保险市场共有17家保险公司省级分公司及其425家分支机构。其中财险分公司6家、分支机构213家；寿险分公司11家，分支机构212家。保险经纪公司分支机构6家，法人保险代理公司6家，保险代理分支机构5家，兼业代理机构1446家。

(2)保险业务发展

宁夏保险业的各项业务在这一时期实现了跨越式发展,对保险市场的长期发展产生了极其深远的影响。不断扩大保险覆盖面。宁夏保险业顺应社会经济形势,积极拓展保险业务的保障范国,积极推进重点业务的发展。宁夏保险业各项业务在这一时期平稳健康发展,保险业务范国不断扩展,保障范围涉及了社会经济发展的方方面面。其中农业保险、养老保险和责任保险发展尤其迅速。不断加大保险产品的开发和推广力度。到2008年年底,宁夏保险市场销售的保险产品达到了1976个,集合了保障、投资、储蓄等多重功能,为广大居民和企业提供了品种更为丰富的保险保障。

(3)保险业经营成果

这一时期宁夏保险市场体系日趋完善,保险业务快速增长,服务领域不断拓宽,法律法规逐步健全,监管水平不断提高,风险得到有效防范,适应市场、参与竞争,已成为各家保险机构改革创新的动力,建立现代企业制度已经是大势所趋。随着宁夏保险密度和保险深度的增长,全区居民和企业的保险需求大幅增加,保险覆盖面进一步扩大,保险行业在促进改革、保障经济、维护稳定、造福人民方面的功能作用将进一步发挥。

(二)恢复保险业以来宁夏保险业保费收入

1980年宁夏恢复保险业,当时全部保费仅有50万元,在以后的十几年中保费收入增幅巨大,但总量很小。1992年保费收入突破1亿大关,达到1.06亿元;2003年实现保费收入10.71亿元,2007年实现保费收入23.98亿元,此后以每年大约增加8亿元的速度增长;2012年实现保费62.69亿元,以后的增幅提升到了10亿元,到2014年宁夏实现保费收入83.92亿元。与1980年相比,35年来宁夏保费收入增加了16783倍。详细情况见表3-12和图3-16。

表 3-12　1980—2014 年宁夏保费收入

年份	总保费（万元）	人身保险		财产保险	
		保费（万元）	占宁夏总保费比重（%）	保费（万元）	占宁夏总保费比重（%）
1980	50	0	0	50	100.00
1981	115	0	0	115	100.00
1982	210	0	0	210	100.00
1983	324	1	0.31	323	99.69
1984	518	12	2.24	506	97.76
1985	865	114	13.21	751	86.79
1986	1293	295	22.79	998	77.21
1987	1885	420	22.29	1465	77.71
1988	2597	671	25.83	1926	74.17
1989	3663	889	24.28	2774	75.72
1990	4368	1007	23.05	3361	76.95
1991	6666	1633	24.49	5033	75.51
1992	10625	3303	31.09	7322	68.91
1993	13446	4019	29.89	9427	70.11
1994	16085	4777	29.70	11308	70.30
1995	19961	6279	31.46	13682	68.54
1996	24851	6628	26.67	18223	73.33
1997	31587	15110	47.84	16477	52.16
1998	39176	21604	55.15	17572	44.85
1999	42765	26918	62.94	15847	37.06
2000	48621	31545	64.88	17076	35.12
2001	62362	42445	68.06	19917	31.94
2002	86731	63383	73.08	23348	26.92
2003	107142	77713	72.53	29429	27.47

续表

年份	总保费（万元）	人身保险		财产保险	
		保费（万元）	占宁夏总保费比重（%）	保费（万元）	占宁夏总保费比重（%）
2004	138193	97129	70.29	41064	29.71
2005	157392	111554	70.88	45838	29.12
2006	192394	136160	70.77	56234	29.23
2007	239779	163489	68.18	76290	31.82
2008	317905	223154	70.20	94751	29.80
2009	392781	274365	69.85	118416	30.15
2010	483274	308254	63.78	175020	36.22
2011	553509	334528	60.44	218981	39.56
2012	626882	362037	57.75	264845	42.25
2013	727027	412859	56.79	314168	43.21
2014	839022	475497	56.66	363684	43.34

数据来源：《中国保险年鉴》《宁夏保险发展五十年（1958—2008）》、中国保险监督管理委员会网站。

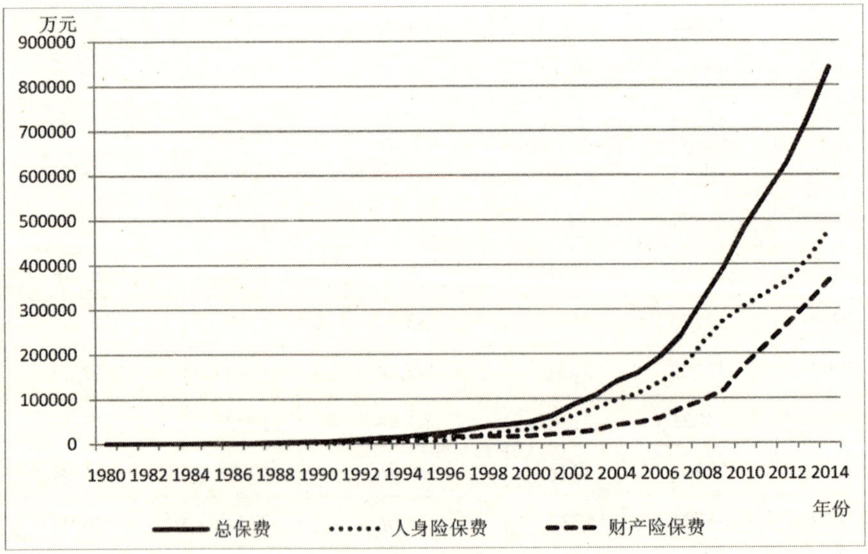

图 3-15　1980—2014 年宁夏保费收入

与总保费收入快速增加相伴生的是财产保险保费收入和人身保险保费收入的结构也出现了新的变化。20 世纪 80 年代早期，财产保险独占了保费收入，人身保险几乎没有贡献。1985 年以后，人身保险开始以比较快的速度增长，1998 年人身保险保费首次超过了财产保险保费，达到了 2.16 亿元。2002 年人身保险保费占总保费的比重达到了最高值，达到 73.08%，此后逐年缓慢下降回归，2010 年以来维持在 65%–55%的水平。

全国在 1982 年正式恢复人身保险业务办理，宁夏是在 1983 年陆续恢复或开办了公路旅客意外伤害保险、简易人身保险、团体人身保险和养老金保险等人身险险种。因此，1984 年人身险保费增加比较快，尽管绝对数量非常小。1997 年到 1998 年期间，受到寿险新产品推出和降息因素的影响，一些高预定利率的寿险产品受到市场的追捧和欢迎，宁夏人身保险保费快速增加，1998 年首次超过了财产保险保费，占总保费收入的 55.15%。此后至今，随着市场主体的不断增加和投资连结保险、万能保险等新产品的不断推出，人身保险一直引领着宁夏保险保费持续增长。

表 3-13 1980—2014 年宁夏保费收入和中国保费收入增长率及市场份额

年份	全国保费收入（百万元）	全国保费增长率（%）	宁夏保费收入（百万元）	宁夏保费增长率（%）	宁夏占全国保费市场的份额（%）
1982	652	—	2	—	0.31
1983	1020	0.56	3	0.50	0.29
1984	1505	0.48	5	0.67	0.33
1985	2601	0.73	9	0.80	0.35
1986	4234	0.63	13	0.44	0.31
1987	6709	0.58	19	0.46	0.28
1988	9480	0.41	26	0.37	0.27
1989	12040	0.27	37	0.42	0.31

续表

年份	全国保费收入（百万元）	全国保费增长率（%）	宁夏保费收入（百万元）	宁夏保费增长率（%）	宁夏占全国保费市场的份额（%）
1990	15050	0.25	44	0.19	0.29
1991	21290	0.41	67	0.52	0.31
1992	34160	0.60	106	0.58	0.31
1993	46640	0.37	134	0.26	0.29
1994	49530	0.06	161	0.20	0.33
1995	61530	0.24	200	0.24	0.33
1996	80000	0.30	249	0.25	0.31
1997	111741	0.40	316	0.27	0.28
1998	124730	0.12	392	0.24	0.31
1999	139322	0.12	428	0.09	0.31
2000	160342	0.15	486	0.14	0.30
2001	212614	0.33	624	0.28	0.29
2002	304832	0.43	867	0.39	0.28
2003	384875	0.26	1071	0.24	0.28
2004	432293	0.12	1382	0.29	0.32
2005	492842	0.14	1574	0.14	0.32
2006	564132	0.14	1924	0.22	0.34
2007	703576	0.25	2398	0.25	0.34
2008	978410	0.39	3179	0.33	0.32
2009	1113730	0.14	3928	0.24	0.35
2010	1452797	0.30	4833	0.23	0.33
2011	1433925	-0.01	5535	0.15	0.39
2012	1548793	0.08	6269	0.13	0.40
2013	1722224	0.11	7270	0.16	0.42
2014	2023482	0.17	8392	0.15	0.41

数据来源：根据2000—2015年《中国保险年鉴》《中国统计年鉴》和中国保险监督管理委员会网站整理并计算后所得。

表 3-13 中对 1980 年到 2014 年 35 年间宁夏保险业保费收入与中国保险业保费收入增长进行了对比。对比发现宁夏保险业的增长速度和中国保险业的增长速度基本上是一致的,但是宁夏保险业的增长速度略高于中国保险业的增长速度。同时,表 3-13 也将宁夏保险业保费收入占中国保费收入的比重做了相应的计算。虽然宁夏保险业在中国保险业中所占的比重还非常低,但是市场份额还是在缓慢的逐年提高,由 1980 年的 0.31%提高到了 2014 年的 0.41%。尽管只是提高了 0.1 个百分点,但是对于人口只有 661 万,面积只有 6.64 万平方公里,地区生产总值只有 2750 亿元的西部小省已经实属不易。

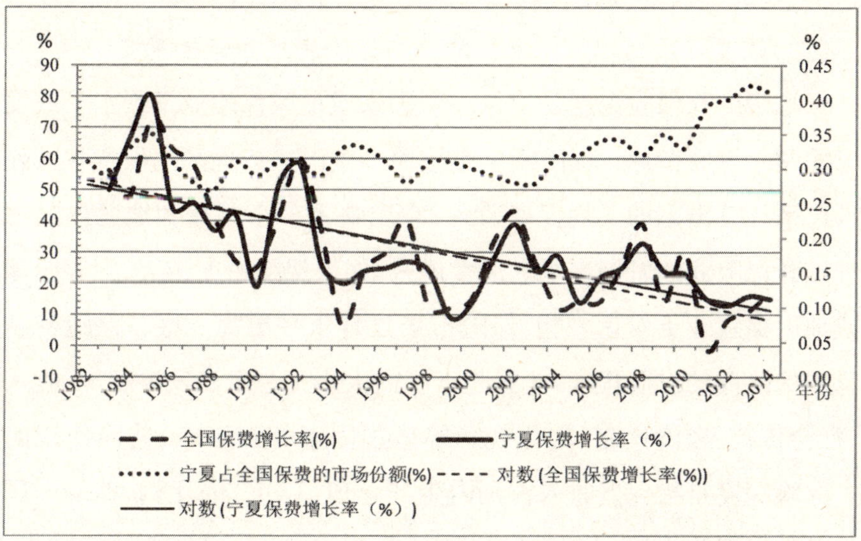

图 3-16　1982—2014 年宁夏保费增长与占中国保险市场份额

从图 3-16 中可以比较明显地看出,在过去的 35 年中宁夏保险业的增长率呈现出非常明显的周期波动的特点。大的周期波动主要有四个,每一个周期大约为 6 到 8 年,波动比较剧烈的高峰值大约持续 4 年。在 1990 年以前,宁夏保费增长波动幅度较全国保费波动幅度更大一些,

1994 年以后，宁夏保费增长波动幅度开始小于全国，2003 年以后的许多年份中保费增长高于全国但波幅又小于全国，表现出了更加稳定的增长态势。宁夏保险业保费收入的持续增长使宁夏保险业在缓慢而坚定的追赶着全国的水平。经济学原理中的后发优势在此得到了比较充分的体现。由于宁夏保险业体量的不断增大，保费收入的增长速度总体上呈现出逐渐下降的态势。这一点从图 3-16 中的保费增长率趋势线可以明显看出。20 世纪 80 年代至 90 年代的超高增长率早已一去不复返，进入 21 世纪以来，增长率也逐渐由“2”时代进入到了“1”时代。可以预见，伴随着经济发展增速减缓的影响，今后相当长的一些年份内，宁夏保费增长率将在 15%到 10%之间波动，甚至在 10%以下增长会成为新常态。

（三）恢复保险业以来宁夏保险业的保险密度和保险深度

保险密度和保险深度是衡量一个国家或地区保险业发展水平或发展状况的两个重要指标。保险密度是按照一个国家或地区的保费收入除以总人口来计算出来的人均保费收入，它反映了一个国家和地区保险的普及程度和保险业的发展水平。通常说来，如果保险密度越大，则表明该国家或地区保险业更发达一些，保险市场发育水平更高一些。保险密度大小反映保险业的发展程度，而保险密度的大小又是经济发展程度、收入水平、社会传统、经济体制、文化观念等诸多因素相互影响、共同作用的结果。保险深度是指保费收入占国内生产总值（GDP）的比例，即一个国家或地区的保费收入除以该国家或地区的国内生产总值后所得到的百分比。它反映了一个国家或地区的保险业对于整个国民经济的贡献度，也反映了保险业在国民经济的地位。保险深度值越大说明保险业参与国民经济的程度越高，保险对于经济发展的贡献度越大；保险深度值越小说明保险业对于经济的参与度和贡献度越小。分析保险密度和保险深度这两个指标，有助于研究和探寻宁夏保险业发展的整体情况，区域保险发展差异以及与中国同行业水平的差距。

表 3-14 1997—2014 年宁夏和全国保险密度与保险深度

年份	全国保险密度（元）	全国保险深度（%）	宁夏保险密度（元）	宁夏保险深度（%）
1997	90.00	1.49	59.79	1.50
1998	102.20	1.62	68.92	1.61
1999	114.20	1.75	80.31	1.80
2000	127.70	1.80	90.18	1.91
2001	168.98	2.20	110.72	2.09
2002	237.60	3.00	151.75	2.63
2003	287.44	3.33	187.98	2.84
2004	332.00	3.40	235.13	3.00
2005	379.00	2.70	263.99	2.62
2006	431.30	2.80	320.07	2.72
2007	533.00	2.85	392.91	2.87
2008	736.74	3.25	514.69	2.89
2009	834.42	3.32	628.26	2.94
2010	1083.44	3.65	764.67	2.94
2011	1064.26	3.04	865.60	2.69
2012	1143.83	2.98	968.62	2.69
2013	1265.67	3.03	1111.34	2.83
2014	1479.35	3.18	1467.10	3.05

数据来源：根据历年《中国统计年鉴》《宁夏统计年鉴》《中国保险年鉴》和中国保险监督管理委员会网站经过整理计算后所得。

表 3-14 和图 3-17 对中国和宁夏在 1997 年至 2014 年间的保险密度和保险深度的增长状况进行了对比分析。宁夏保险业的保险密度在过去的 17 年中与中国保险业保险密度的增长大致保持了基本相似的态势，呈

现出了持续、平稳、较快的增长势头，但是宁夏保险密度在同期基本上都低于全国水平。这一特征与经济发展水平和收入水平的高低相吻合。伴随着西部大开发实施的深入推进，宁夏社会经济发展不断取得新成就，宁夏保险密度在2001年、2007年和2013年三个节点之后都呈现出较快的增长势头，特别是在2013年以后的增长非常迅速，快速缩小并几乎赶上了全国保险密度。2014年全国保险密度为1479.35元，宁夏保险密度为1467.10元，宁夏与全国在这一指标上相差已经很小，对于地处西北内陆，经济欠发达的少数民族小省份已实属不易。

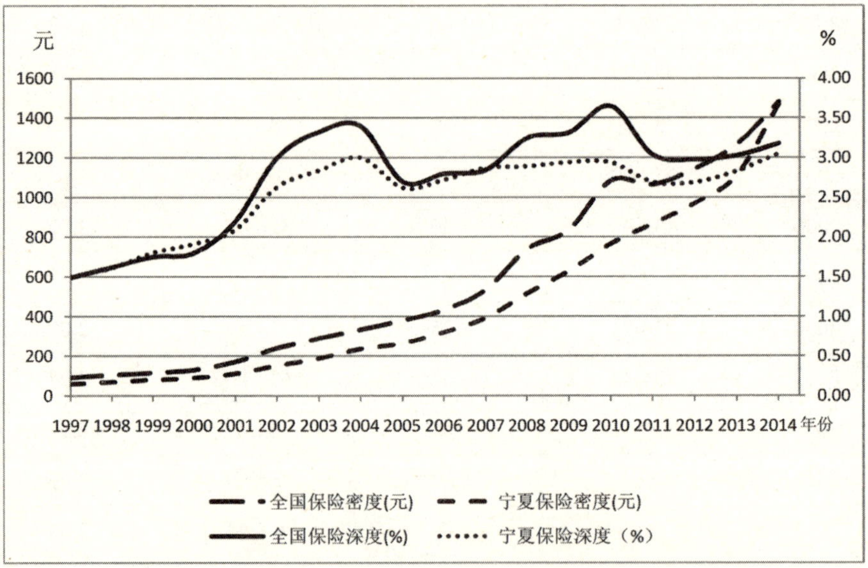

图3-17　1997—2014年宁夏和全国保险密度与保险深度

在表3-14和图3-17也比较直观地显示了自1997年至2014年间宁夏保险深度和全国保险深度的变化。21世纪以前中国保险深度和宁夏保险深度都表现出平稳上升的态势，并且重合度很高，均保持在1.5%到2%的水平。新世纪开始之初，中国和宁夏保险深度都迎来了一个高速增长的时期，这一时期一直持续到大约2004年。由此将中国保险深度提高到了3.5%，宁夏保险密度也提高到了3%。但是2005年又出现了非常巨大的下滑，此后用了大约五年的时间才将中国保险密度提高到了3.65%的水平。这期间宁夏保险密度则一直没有超过3%，与中国保险密度有比较大的差距，基本上在2.5%至3%之间波动，直到2014年才有所突破，达到了3.05%，与3.18%的当年中国保险密度值大大的缩小了。从2014年的情况来看，宁夏保险相对全国的区域差异性有了明显的改善。相信随着国家新一轮西部大开发的继续推进，基础设施投入重点向中西部倾斜，加快互联互通步伐，将为宁夏更好地融入全国大市场创造了条件；国家加快建设"一带一路"，支持宁夏内陆开放型经济试验区，面向阿拉伯国家和世界各地全方位开放，将大大提升宁夏在国家开放格局中的战略地位，这将推动宁夏经济更好发展，从而也给宁夏保险业发展提供有力的支持和保证。

（四）宁夏保险业市场结构分析

1. 保险产品结构分析

市场结构分析是分析一个产业的重要内容。表3-15中显示了2013年宁夏保险市场的保险险种结构。2013年，宁夏保险业总的保费收入为72.7亿元，其中财产保险保费收入为31.4亿元，占总保费收入的43.18%；人身保险保费收入为41.31亿元，占总保费收入的56.82%。在财产保险中，机动车辆保险是实现保费收入最高的一个险种，为26.22亿元，在总保费中占比为36.07%，在财产保险中的占比83.52%。再结合宁夏多年来的保费收入的险种结构情况来看，可以毫不夸张地说，机动车辆保险在宁夏财产保险业务中"一险独大"，真所谓"得车险者得天下"。这反映了"汽车时代"进入宁夏后，消费者对于机动车辆保险的认识和重视程度大大提高了，同时也凸显了其他险种的"尴尬"境况。

表 3-15　2013 年宁夏市场保险产品结构

保险类别	保险险种	保费收入(百万元)	所占百分比(%)
财产保险	企业财产保险	144.60	1.99
	机动车辆保险	2622.19	36.07
	货物运输保险	17.81	0.24
	责任保险	79.71	1.10
	工程保险	23.79	0.33
	信用保证保险	1.36	0.02
	农业保险	246.35	3.39
	其他财产保险	3.74	0.05
	财产保险小计	3139.55	43.18
人身保险	普通寿险	462.25	6.36
	分红寿险	2675.38	36.80
	投资连结保险	0.89	0.01
	万能保险	74.42	1.02
	意外伤害险	206.69	2.84
	健康险	711.12	9.78
	人身保险小计	4130.75	56.82
总计		7270.30	100.00

资料来源:《中国保险年鉴 2014》。

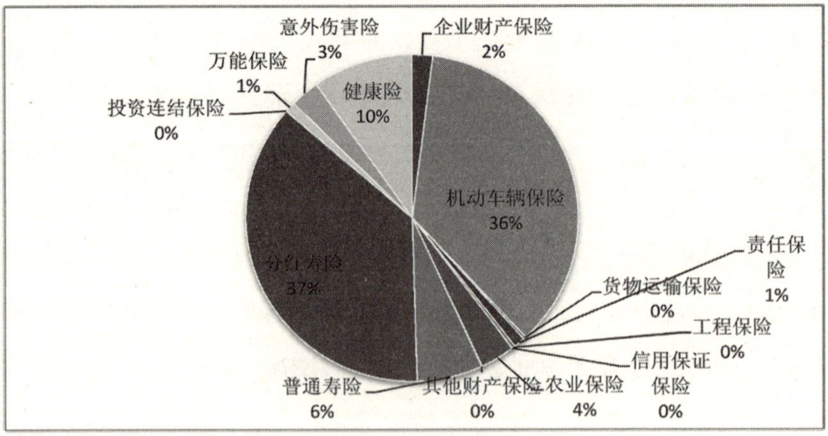

图 3-18　2013 年宁夏保险市场产品结构

2. 地区结构分析

表 3-16 中显示了 2013 年宁夏 5 个地区的保费收入状况。从各个地区的份额结构来看,2013 年保费收入排名最高的依然是银川市,份额占比达到了 60.48%。其他几个地区占比由多到少分别是:吴忠占比 14.99%,石嘴山占比 10.41%,中卫占比 8.35%,固原占比 5.77%。基本上呈现出以银川为中心向外递减,从平原向山区递减的趋势。回顾宁夏保险业恢复以来的三十多年,这一趋势始终比较明显而稳定。这与宁夏区域经济发达程度和居民收入水平密切相关。

表 3-16 2013 年宁夏各地区保费收入

排名	地区	保费收入(百万元)	占比(%)
1	银川	4397.18	60.48
2	吴忠	1089.56	14.99
3	石嘴山	756.95	10.41
4	中卫	606.97	8.35
5	固原	419.61	5.77
	全区	7270.27	100.00

资料来源:《中国保险年鉴 2014》。

3. 财产保险公司市场份额

表 3-17 和图 3-19 中列出了 2013 年宁夏财产保险公司的市场份额比例。在宁夏财产保险市场上份额排名前三的是三家老牌的大公司。建国后就成立并于 1950 年在宁夏设立分公司的中国人民保险公司是宁夏保险市场的最年长的公司。2013 年,人保财险宁夏分公司在宁夏财产保险市场的份额为 61.37%,遥遥领先于市场份额第二的平安产险宁夏分公司。中国平安宁夏分公司于 1992 年进入宁夏,2013 年其财产保险市场份额为 22.59%。这两家公司的市场份额之和占到了 83.96%。2002 年设

立宁夏分公司的中国太平洋保险公司2013年在宁夏财产保险市场份额为7.60%。其他三家公司大地财产宁夏分公司、阳光产险宁夏分公司和安邦财险宁夏分公司都是近几年才开始进入宁夏保险市场的新公司，三家公司的市场份额之和为8.44%。宁夏财产保险市场的寡头垄断力量依然非常强大。

表3-17　2013年宁夏财产保险公司市场份额

排名	公司名称	保费收入（百万元）	市场份额（%）
1	人保财险宁夏分公司	2030.70	61.37
2	平安产险宁夏分公司	747.66	22.59
3	太保产险宁夏分公司	251.66	7.60
4	大地财产宁夏分公司	164.07	4.96
5	阳光产险宁夏分公司	68.05	2.06
6	安邦财险宁夏分公司	47.00	1.42
	合计	3309.14	100.00

资料来源：《中国保险年鉴2014》。

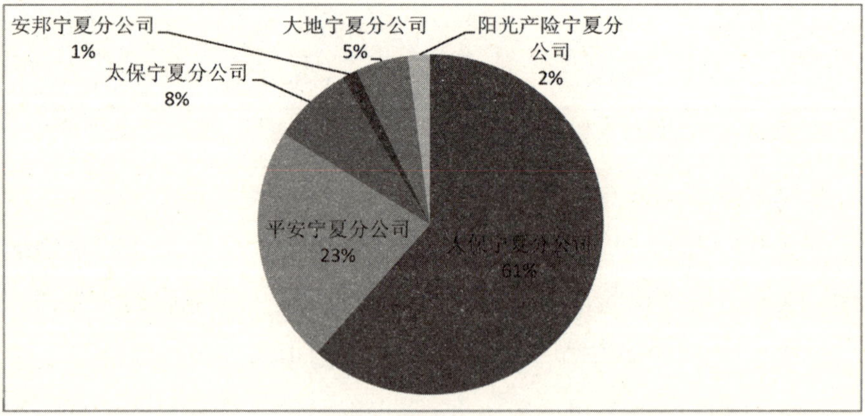

图3-19　2013年宁夏财产保险公司市场份额

4. 寿险公司市场份额

表3-18和图3-20显示了2013年宁夏寿险公司的市场份额。2013

年宁夏寿险市场共有寿险公司 10 家①,从表 3-18 中可以明显看出中国人寿、平安人寿和新华保险宁夏分公司位居前三甲,且拥有的市场份额巨大。三家公司总共拥有了 80.65%的市场份额,其中中国人寿位列第一,市场份额为 32.09%;平安人寿位列第二,市场份额为 27%;新华保险位列第三,市场份额为 21.56%,其余的 7 家寿险公司各自拥有的市场份额都不足 5%,总共拥有的市场份额为 18.09%。从市场份额来看也属于比较典型的寡头垄断的市场结构,不过考虑到这 7 家公司大都是属于新成立的寿险公司且进入宁夏寿险市场比较晚等因素,宁夏寿险市场中竞争的势力发展还是比较快的。

表 3-18　2013 年宁夏人寿保险公司市场份额

排名	公司名称	保费收入	市场份额
1	中国人寿宁夏分公司	1271.16	32.09
2	平安人寿宁夏分公司	1069.33	27.00
3	新华保险宁夏分公司	854.15	21.56
4	人保寿险宁夏分公司	171.15	4.32
5	太保寿险宁夏分公司	165.49	4.18
6	泰康人寿宁夏分公司	128.18	3.24
7	合众人寿宁夏分公司	85.87	2.17
8	中邮保险宁夏分公司	83.75	2.11
9	平安养老宁夏分公司	44.13	1.11
10	生命人寿宁夏分公司	38.17	0.96
	中国人寿集团	49.77	1.26
	合计	3961.15	100.00

注:中国人寿集团指集团、总公司开展的业务,在此不作排名。
资料来源:《中国保险年鉴 2014》。

①中国人寿集团业务是指中国人寿保险(集团)公司开展的业务。集团、总公司在各个省区不作为单独保险主体进行计算。

（五）宁夏保险业保险资产和保险赔款情况

表 3-19　2004—2013 年宁夏保险业总资产、承保金额和赔款支出

（单位：亿元）

年份	保险业总资产	赔款支出	承保金额
2004	27.10	3.27	1613.94
2005	34.00	3.87	2034.07
2006	42.27	4.53	3772.00
2007	51.37	6.90	5044.11
2008	65.30	8.52	6231.53
2009	81.69	9.65	8625.28
2010	105.56	11.68	10796.29
2011	128.00	14.75	9836.05
2012	153.48	19.99	11335.18
2013	180.44	24.04	21357.51

数据来源：根据 2005—2014 年《中国保险年鉴》和《中国统计年鉴》整理并计算后所得。

表 3-19 显示了 2004—2013 年十年来宁夏保险业的承保金额、赔款支出和保险业总资产的情况。首先从宁夏保险业总资产来看，2004 年宁夏保险业资产总额为 27.10 亿元，到 2013 年增长到了 180.44 亿元，十年间增长了 6.66 倍，年平均增长速度为 23.5%，保险业的体量进一步增大，有了质的变化。不过近两年的增长速度有所减缓，下降到了 20%以内，预计受中国宏观经济增长下行压力增大影响，短期内宁夏保险业资产增长不会太快。

其次从保险业承保的保险金额来看，宁夏保险业发挥现代保险功能的作用也越来越明显。2004 年的承保总金额为 1613.94 亿元，2013 年增长到了 21357.51 亿元，是 2004 年的 130 倍。同时，保险业实际发生的赔款支出也逐年增加。2004 年发生赔款支出 3.27 亿元,2014 年赔款支出为 24.04 亿元,是 2004 年的 7.35 倍。宁夏保险业的承保能力和保障范围在大幅提高,抵御风险的能力也进一步增强,宁夏保险业为促进灾后生产生活的重建,为有效缓解经济摩擦、支持社会保障体系建设,辅助社会管理发挥了重要的作用。

第四章　宁夏保险业区域发展比较研究

一、宁夏保险业区域发展水平比较

（一）宁夏各市保费收入及增速比较

1. 各市保费收入比较分析

保费收入是衡量一个地区保险业发展规模的最主要的指标，它是一个总量指标，反映了一个地区的保险业发展的总体水平。通过对宁夏5个地级市①从2004年到2014年连续11年的保费收入进行对比分析发现，十几年来宁夏各市保险业均不断发展，均呈现出了比较良好的上升势头，五个市的平均保费由2004年的2.76亿元增长到了2014年的16.78亿元（具体见表4-1和图4-1）。其中保费收入超过1亿元的地区在2004年的只有银川、吴忠和石嘴山三个市，且最高的不超过10亿元。2007年所有五个市的保费收入均超过了1亿元，到2013年银川市和吴忠市的保费收入超过了10亿元，2014年银川市的保费收入更是超过50亿元。当然，总体增长的同时，也表现出了明显的区域差异，即以银川市为中心，往南北扩展保险业发展程度依次明显递减。单就保费收入这一指标来看银川市的水平远远高

①2004年宁夏设立了中卫市，全区由原来的四个地级市变为五个地级市，相应地对行政区划做了一定调整。本书依照2004年以来设立的银川市、石嘴山市、吴忠市、固原市和中卫市五个市的统计数据作为研究依据。

出其他四个市的总和，并且越往南部山区延伸，保险业的发展水平越低。2004 年银川市的保费收入是固原市的 19 倍，2014 年依然保持了 10 倍的优势。宁夏区域保险业发展的差距仍然非常巨大。

表 4-1　2004-2014 年宁夏各市保费收入

（单位：百万元）

年份＼地区	银川	石嘴山	吴忠	固原	中卫	均值
2004	967.84	129.36	161.39	50.30	72.99	276.38
2005	916.83	234.80	255.08	60.93	106.29	314.79
2006	1053.86	306.75	319.77	89.66	154.19	384.85
2007	1310.27	371.59	381.30	121.74	212.82	479.54
2008	1705.79	486.08	509.99	183.56	293.75	635.83
2009	2146.14	575.75	644.49	198.87	362.56	785.56
2010	2855.68	574.39	743.51	264.49	394.67	966.55
2011	3303.08	633.29	841.25	306.81	450.64	1107.01
2012	3844.77	659.42	912.85	327.11	524.67	1253.76
2013	4397.18	756.95	1089.56	419.61	606.97	1454.05
2014	5014.33	864.56	1287.74	466.75	756.84	1678.04

数据来源：根据 2005—2015 年《中国保险年鉴》整理并计算。

图 4-1　2004—2014 年宁夏各市保费收入变化

对2004年至2014年宁夏全区全部保险业务收入、财产保险业务收入和人身保险业务收入进行排序后总结出各年度排名第一及末位的市区。银川市无论是全部保险业务还是财产保险业务以及人身保险业务一直处于宁夏首位，固原市除去2008年的人身保险业务收入比中卫市略高一点外，其他年份则基本上始终处于末位的位置。

经过对2004年至2014年宁夏全部保险业务保费收入的全距和均值进行计算发现，十多年来宁夏各地区保费收入的全距越来越大。这表明宁夏各市区域之间保险发展的总量差异越来越大。很明显，人身险业务收入全距的扩大趋势要比财产险的明显许多，这反映了宁夏保险业务差距的扩大主要源自人身保险业务收入差距加大。这期间2010年以前，人身保险业务收入全距持续拉大，财产保险业务收入全距相对稳定，全部保险业务收入差距主要的影响因素在于人身保险。2010年以后，人身保险业务收入全距增速有所减缓，财产保险业务收入全距进一步加大，因此全部保险业务收入全距中财产保险的因素在进一步加大。可以预见，伴随着社会保障制度的进一步完善和机动车辆保险等相关业务的扩张，宁夏各地区保险业务差距中上述因素的影响会愈发明显。

表4-2 2004—2014年宁夏各市保费收入排序及全距

（单位：百万元）

		第一位		最后一位		全距
2004	全部业务	银川市	967.84	固原市	50.30	917.54
	财产保险	银川市	265.34	固原市	19.20	246.14
	人身保险	银川市	702.50	固原市	31.10	671.40
2005	全部业务	银川市	916.83	固原市	60.93	855.90
	财产保险	银川市	281.13	固原市	23.93	257.20
	人身保险	银川市	635.70	固原市	30.70	605.00

续表

		第一位		最后一位		全距
2006	全部业务	银川市	1053.86	固原市	89.66	964.20
	财产保险	银川市	313.40	固原市	38.17	275.23
	人身保险	银川市	740.46	固原市	51.49	688.97
2007	全部业务	银川市	1310.27	固原市	121.74	1188.53
	财产保险	银川市	410.68	固原市	60.83	349.85
	人身保险	银川市	899.60	固原市	60.91	838.69
2008	全部业务	银川市	1705.79	固原市	183.56	1522.23
	财产保险	银川市	474.06	中卫市	97.76	376.30
	人身保险	银川市	1231.70	固原市	83.73	1147.97
2009	全部业务	银川市	2146.14	固原市	198.87	1947.27
	财产保险	银川市	620.53	固原市	102.91	517.62
	人身保险	银川市	1525.61	固原市	95.95	1429.66
2010	全部业务	银川市	2855.68	固原市	264.49	2591.19
	财产保险	银川市	932.63	固原市	154.41	778.22
	人身保险	银川市	1923.00	固原市	110.08	1812.92
2011	全部业务	银川市	3303.08	固原市	306.81	2996.27
	财产保险	银川市	1219.80	固原市	181.29	1038.51
	人身保险	银川市	2038.20	固原市	125.52	1912.68
2012	全部业务	银川市	3844.77	固原市	327.11	3517.66
	财产保险	银川市	1524.77	固原市	210.38	1314.39
	人身保险	银川市	2320.00	固原市	116.74	2203.26
2013	全部业务	银川市	4397.18	固原市	419.61	3977.57
	财产保险	银川市	1817.64	固原市	246.30	1571.34
	人身保险	银川市	2579.54	固原市	173.32	2406.22
2014	全部业务	银川市	5014.33	固原市	466.75	4547.58
	财产保险	银川市	2094.79	固原市	289.73	1805.06
	人身保险	银川市	2919.54	固原市	177.02	2742.52

数据来源：根据 2005—2015 年《中国保险年鉴》整理并计算所得。

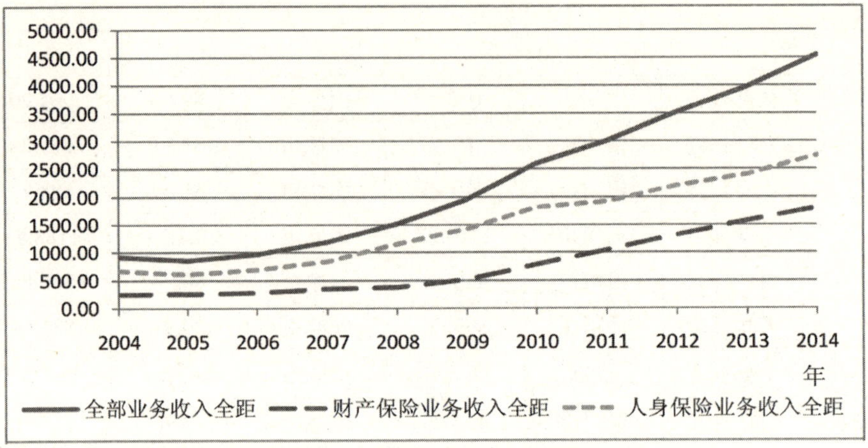

图 4-2　2004—2014 年宁夏各市保险业务全距比较

进一步将保费收入指标分解为财产保险保费收入指标和人身保险保费收入指标后计算出各市的均值、标准差和变异系数，并对其进行详细分析。具体数值见表 4-3 和表 4-4。

表 4-3　2004—2014 年宁夏各市财产保险保费收入比较

（单位：百万元）

年份＼地区	银川	石嘴山	吴忠	固原	中卫	均值	标准差	变异系数
2004	265.34	40.20	68.40	19.20	22.50	83.13	103.71	1.2476
2005	281.13	50.31	75.61	23.93	27.39	91.67	107.92	1.1773
2006	313.40	76.02	95.69	38.17	39.24	112.50	114.96	1.0219
2007	410.68	99.25	121.33	60.83	70.93	152.60	146.22	0.9582
2008	474.06	112.34	164.26	99.83	97.76	189.65	161.26	0.8503
2009	620.53	134.47	211.25	102.91	114.99	236.83	218.60	0.9230
2010	932.63	200.93	306.51	154.41	155.71	350.04	331.50	0.9470
2011	1219.86	239.51	361.69	181.29	187.45	437.96	443.06	1.0116
2012	1524.77	277.24	403.54	210.38	232.53	529.69	561.27	1.0596
2013	1817.64	316.68	482.09	246.30	278.97	628.34	671.00	1.0679
2014	2094.79	373.17	542.30	289.73	338.32	727.66	770.14	1.0584

数据来源：根据 2005—2015 年《中国保险年鉴》整理并计算所得。

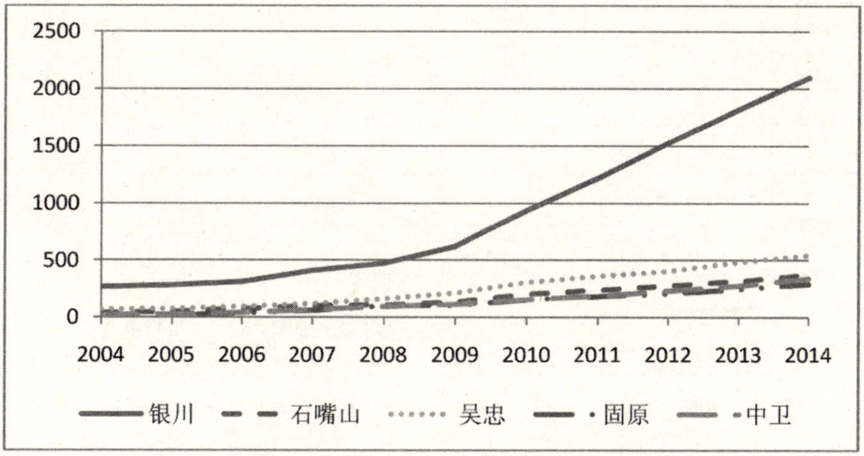

图 4-3　2004—2014 年宁夏各市财产保险保费收入比较

表 4-4　2004—2014 年宁夏各市人身保险保费收入比较

（单位：百万元）

地区 / 年份	银川	石嘴山	吴忠	固原	中卫	均值	标准差	变异系数
2004	702.50	89.16	92.99	31.10	50.49	193.25	285.87	1.4793
2005	635.70	184.49	179.47	37.00	78.90	223.11	239.30	1.0726
2006	740.46	230.37	224.08	51.49	114.95	272.27	272.38	1.0004
2007	899.60	272.33	259.96	60.91	141.89	326.94	331.82	1.0149
2008	1231.73	345.73	373.74	83.73	195.99	446.18	454.53	1.0187
2009	1525.61	441.28	433.24	95.95	247.57	548.73	564.55	1.0288
2010	1923.05	373.46	437.01	110.08	238.94	616.51	741.18	1.2022
2011	2083.23	393.77	479.56	125.52	263.19	669.05	801.83	1.1985
2012	2320.00	382.18	509.31	116.74	292.15	724.08	903.52	1.2478
2013	2579.54	440.27	607.47	173.32	328.00	825.72	993.16	1.2028
2014	2919.54	491.39	745.44	177.02	418.53	950.38	1119.29	1.1777

数据来源：根据 2005—2015 年《中国保险年鉴》整理并计算所得。

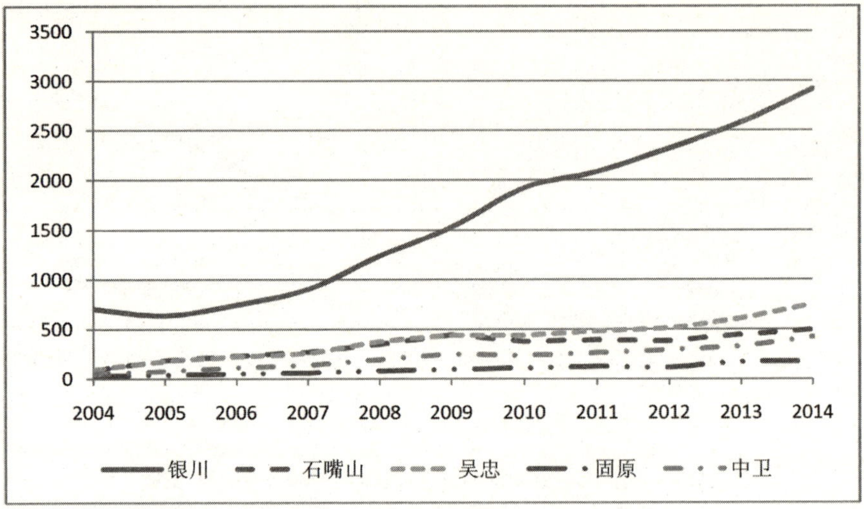

图 4-4　2004—2014 年宁夏各市人身保险保费收入比较

从表 4-3 和表 4-4 中的数据来看，2004 年以来，宁夏各市区域的财产保险和人身保险业务都在快速增长。财产保险平均保费收入从 2004 年的 0.83 亿元增加到了 2014 年的 7.28 亿元，年均增速为 24.61%。人身保险平均保费收入从 2004 年的 1.93 亿元增加到了 2014 年的 9.50 亿元，年均增速为 17.53%。人身保险保费收入在早期远远超过了财产保险，但财产保险的增速每年都高于人身保险，到 2014 年财产保险的保费收入已经与人身保险相差不多了，并且从发展趋势来看，财产保险很有可能后来者居上。

从宁夏各市的人身保险和财产保险的变异系数来看，各个市的保费收入相对差距也是十分巨大的。2004 年至 2014 年 11 年间，宁夏人身保险和财产保险保费收入的变异系数分别在 1.00 至 1.25 和 0.85 至 1.25 之间，并且在大多数年份都超过了 1.00。同期，中国全国各省份的人身保险和财产保险的变异系数基本上 0.85 至 0.95。从发展趋势上来看，2004 年宁夏人身保险保费收入的变异系数高达 1.48，之后快速下降到了大约 1

的水平并保持了5年的时间,2010年以后又上升到了大约1.2的水平并略有波动。财产保险自2004年的1.25开始下降,到2008的0.85,此后又逐年上升,到2010年上升到了1.06,此后三年基本稳定在这一水平。这些数据和趋势反映出相对全国,宁夏保险业发展呈现出极大的不均衡性,特别是在人身保险中反映出的差距更为明显。

2. 各市保费收入增速比较分析

保险业的发展速度通常用保费收入的增长速度来表示。从表4-6看出,2004年至2014年间宁夏各市保费收入平均增速基本保持在20%左右的水平,其中银川略低于20%,达到19.72%,其他市区均超过了20%,中卫市最高,达到了26.31%。2010年以前各地平均增速均在20%以上,2010年以后增速放缓到了20%以下。比较五个市,由于保险总量不一样,增速也有所不同。银川市增长速度稍低,但保险总量大。吴忠市、固原市和中卫市的增长速度变化基本趋于一致水平,区域的保险业发展具有一定的趋同性,且近几年的增长速度有所放慢,石嘴山市的增长趋势波动较大,由2005年的81.51%下降到2006年的30.64%,增长速度放缓了很多。五市综合来看,保险业的发展速度是稳中有进,增长速度的放缓与近年来经济发展速度放缓是一致的。

从表4-6、表4-7、表4-8可以看出各市全部保险业务、财产保险业务、人身保险业务的增长率变化幅度较大且增长不够稳定。2005年各区域全部保险业务增长率变化差异最明显,这一年银川市的全部业务保费收入为增速-5.27%,而石嘴山市的全部业务保费收入同比增长到81.51%,五市最高,其次是吴忠市58.05%、中卫市45.62%、固原市21.13%。2005年之后,各区域全部业务保费收入之间存在的差距逐渐减小。

表 4-5　2004—2014 年宁夏各市保费收入增速及排名情况

年份	地区	银川	石嘴山	吴忠	固原	中卫
2004	保费收入增速	33.38%	19.34%	31.23%	4.42%	19.36%
	保费收入排名	1	4	2	5	3
2005	保费收入增速	-5.27%	81.51%	58.05%	21.13%	45.62%
	保费收入排名	5	1	2	4	3
2006	保费收入增速	14.95%	30.64%	25.36%	47.15%	45.07%
	保费收入排名	5	3	4	1	2
2007	保费收入增速	24.33%	21.14%	19.24%	35.78%	38.02%
	保费收入排名	3	4	5	2	1
2008	保费收入增速	30.19%	30.81%	33.75%	50.78%	38.03%
	保费收入排名	5	4	3	1	2
2009	保费收入增速	25.82%	18.45%	26.37%	8.34%	23.42%
	保费收入排名	2	4	1	5	3
2010	保费收入增速	33.06%	-0.24%	15.36%	33.00%	8.86%
	保费收入排名	1	3	3	2	4
2011	保费收入增速	15.67%	10.25%	13.15%	16.00%	14.18%
	保费收入排名	2	5	4	1	3
2012	保费收入增速	16.40%	4.13%	8.51%	6.62%	16.43%
	保费收入排名	2	5	3	4	1
2013	保费收入增速	14.37%	14.79%	19.36%	28.28%	15.69%
	保费收入排名	5	4	2	1	3
2014	保费收入增速	14.04%	14.22%	18.19%	11.23%	24.69%
	保费收入排名	4	3	2	5	1

数据来源：根据 2005—2015 年《中国保险年鉴》整理并计算所得。

注：中卫市是 2004 年新设立的地级市，其区域包含了原吴忠市的中卫县、中宁县和固原市的海原县。因此 2004 年的保费收入增速及排名与 2004 年以后不具有完全可比性，仅供参考。

表 4-6　2004—2014 年宁夏各市财产保险保费收入增速及排名情况

年份	地区	银川	石嘴山	吴忠	固原	中卫
2004	保费收入增速	57.84%	25.66%	55.49%	7.50%	31.50%
	保费收入排名	1	3	2	5	4
2005	保费收入增速	5.95%	25.15%	10.54%	24.64%	21.73%
	保费收入排名	5	1	4	2	3
2006	保费收入增速	11.48%	51.10%	26.56%	59.51%	43.26%
	保费收入排名	5	2	4	1	3
2007	保费收入增速	31.04%	30.56%	26.79%	59.37%	80.76%
	保费收入排名	5	3	4	2	1
2008	保费收入增速	15.43%	13.19%	35.38%	64.11%	37.83%
	保费收入排名	4	1	3	1	2
2009	保费收入增速	30.90%	19.70%	28.61%	3.09%	17.62%
	保费收入排名	1	3	2	5	4
2010	保费收入增速	50.30%	49.42%	45.09%	50.04%	35.41%
	保费收入排名	1	3	4	2	5
2011	保费收入增速	30.80%	19.20%	18.00%	17.41%	20.38%
	保费收入排名	1	3	2	5	4
2012	保费收入增速	25.00%	15.75%	11.57%	16.05%	24.05%
	保费收入排名	1	4	5	3	2
2013	保费收入增速	19.21%	14.23%	19.47%	17.07%	19.97%
	保费收入排名	2	5	3	4	1
2014	保费收入增速	15.25%	17.84%	12.49%	17.63%	21.27%
	保费收入排名	4	2	5	3	1

数据来源：根据 2005—2015 年《中国保险年鉴》整理并计算。

注：中卫市是 2004 年新设立的地级市，其区域包含了原吴忠市的中卫县、中宁县和固原市的海原县。因此 2004 年的保费收入增速及排名与 2004 年以后不具有完全可比性，仅供参考。

表 4-7 2004—2014 年宁夏各市人身保险保费收入增速及排名情况

年份 \ 地区		银川	石嘴山	吴忠	固原	中卫
2004	保费收入增速	26.00%	16.69%	17.22%	2.61%	14.65%
	保费收入排名	1	3	2	5	4
2005	保费收入增速	-9.51%	106.92%	93.00%	18.97%	56.27%
	保费收入排名	5	1	2	4	3
2006	保费收入增速	16.48%	24.87%	24.86%	39.16%	45.69%
	保费收入排名	5	3	4	2	1
2007	保费收入增速	21.49%	18.21%	16.01%	18.29%	23.44%
	保费收入排名	2	4	5	3	1
2008	保费收入增速	36.92%	26.95%	43.77%	37.47%	38.13%
	保费收入排名	4	5	1	3	2
2009	保费收入增速	23.86%	27.64%	15.92%	14.59%	26.32%
	保费收入排名	3	1	4	5	2
2010	保费收入增速	26.05%	-15.37%	0.87%	14.73%	-3.49%
	保费收入排名	1	5	3	2	4
2011	保费收入增速	8.33%	5.44%	9.74%	14.03%	10.15%
	保费收入排名	4	5	3	1	2
2012	保费收入增速	11.37%	-2.94%	6.20%	-6.99%	11.00%
	保费收入排名	1	4	3	5	2
2013	保费收入增速	11.19%	15.20%	19.27%	48.47%	12.27%
	保费收入排名	5	3	2	1	4
2014	保费收入增速	13.18%	11.61%	22.71%	2.13%	27.60%
	保费收入排名	3	4	2	5	1

数据来源：根据 2005—2015 年《中国保险年鉴》整理并计算所得。

注：中卫市是 2004 年新设立的地级市，其区域包含了原吴忠市的中卫县、中宁县和固原市的海原县。因此 2004 年的保费收入增速及排名与 2004 年以后不具有完全可比性，仅供参考。

2007 年中卫市的财产保险业务保费收入增长率 80.76%居于五市第一，固原市 59.37%居于第二，银川市 31.04%、石嘴山市 30.56%、吴忠市 26.79%。2007 年之后中卫市、固原市的财产保险保费收入急速下降，2009 年以后五个市财产保险业务保费收入同比增长开始急速上升，2009 年达到高点后缓慢下降，2011 年之后宁夏区域财产保险增长率发展态势一直比较平缓。

2005 年石嘴山市人身保险保费收入增长率最高达到 106.92%居于首位，吴忠市人身保险保费收入增长率 93%位居第二，银川市人身保险保费收入增长率最低为-9.51%。2013 年固原市的人身保险保费收入的增长率达到十年最高点 48.47%。

（二）宁夏保险机构数量分析

保险机构的数量反映一个地区保险市场的大小规模、市场的竞争与垄断程度和市场的成熟程度。保险机构的数量指标通常包括保险公司数量和保险中介机构数量。

1. 保险公司的数量分析

表 4-8 2004—2014 年宁夏全区保险公司数量

年份	2004	2005	2006	2007	2008	2009	2010	2011	2012	2013	2014
省级分公司	6	6	7	10	11	11	13	15	16	16	17
各级分支机构	145	155	183	247	272	290	294	309	367	395	425

数据来源：根据 2005—2015 年《中国保险年鉴》整理并计算所得。

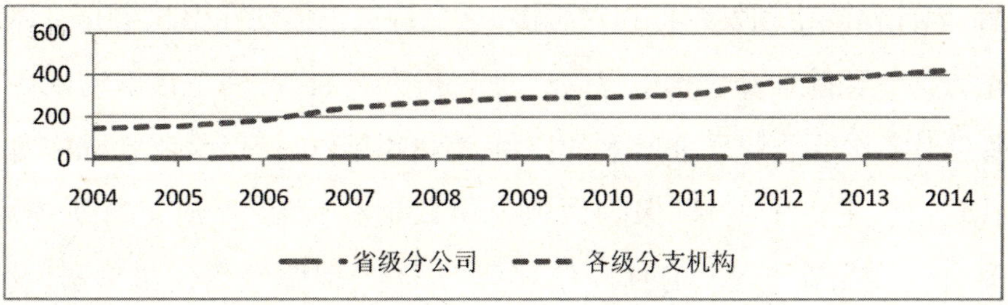

图 4-5 2004—2014 年宁夏全区保险公司数量

保险市场主体即保险公司的数量指标常用来衡量保险市场的发育和成熟水平。由于宁夏各个地区数据获得困难，本书只将统计到的省级保险分公司和各级保险分支机构进行分析。2004—2014 年期间宁夏各市保险公司数量增加较快，且增加速度相对稳定。2004 年宁夏共有省级分公司 6 家，其他分支机构 145 家，到 2014 年省级分公司增长到了 17 家，其他分支机构增加到了 425 家，数量上增加了近两倍。在总体增加的同时，各地区的区域发展差距也是非常明显的。省级分公司全部集中在自治区首府银川，当然种情况在全国也非常普遍，区域发展的差距还表现在一些公司的分支机构没有完全覆盖到宁夏的所有县级区域。这反映了宁夏保险产业发展水平不同和保险市场发育的不均衡。

与全国和西部相比宁夏保险业发展的市场主体成熟水平的差距也在不断拉大。2006 年各省份的省级分公司的平均数量为 22 家，宁夏是 7 家，2011 年全国这一数值增长到了 45 家，宁夏是 15 家，尽管倍数上依然是三倍，但绝对数量却相差更大了。这一现象在整个西部地区都有不同程度的表现。

2. 保险中介机构的数量分析

中国自从 20 世纪 90 年代开始引入保险代理人制度后给中国保险业特别是寿险业的发展带来了翻天覆地的变化，宁夏保险业也受益于这一制度，得到了蓬勃发展。但是由于宁夏地处西北偏远地区，经济发展相对落后，因此保险市场发育也相对缓慢，这一特点也体现在保险中介主体的数量方面。保险中介机构中保险代理公司为多数，特别是在市场发展早期保险代理公司占据了非常大的比例。2008 年以后，保险监管机构对保险代理市场进行了整顿，保险代理公司数量有所减少，质量有所提高。2004 年宁夏保险市场共有保险代理公司 5 家，保险经纪公司 1 家，没有保险公估公司。此后十多年间保险代理公司经历了快速发展和清理整顿后，逐步进入稳步发展阶段，到2014年市场上共有保险代理公司11家，其中专业法人代理法人机构6家，专业代理分支机构5家。与同期全国省份平均水平相比差距很大。2004年全国共有专业保险代理公司920家，平均每个省份30家；2014年全国共有专业保险代理机构1764家，平均每个省份57家。

表4-9 2004—2014年宁夏全区保险中介机构数量

年份	2004	2005	2006	2007	2008	2009	2010	2011	2012	2013	2014
保险代理公司	5	8	10	10	12	8	8	9	8	9	11
保险经纪公司	1	1	2	2	2	4	4	5	6	6	6
保险公估公司	0	0	0	0	0	0	0	0	0	0	0
合计	6	9	12	12	14	12	12	14	14	15	17

数据来源：根据2005—2015年《中国保险年鉴》整理并计算所得。

我国保险经纪公司和保险公估公司的出现也晚于保险代理公司，大体上是在2000年以后才逐步发展起来的。从数量上来看也远远少于保险代理公司，但发展过程较保险代理公司相对稳定。2004年宁夏保险市场上共有保险经纪公司1家，此后逐步发展，到2014年共有保险经纪公司6家，均为非法人分支机构。同一时期全国共有专业保险经纪公司的数量分别为197家和445家，平均每个省份数分别为6家和14家。保险公估公司在宁夏的发展严重滞后，直到目前尚未有一家保险公估公司。2004年全国共有保险公估公司180家，2014年这一数字增加到了337家。由此可见，宁夏保险业发展中中介市场发育不完善，存在主体缺失的情况。

（三）宁夏保险业总资产分析

保险业总资产是指一个国家或地区内的所有保险机构包括各类保险公司及保险中介机构所控制的资产总和，它反映了一个国家或地区的保险业通过过去的保险活动或交易所形成的由其所实际拥有的资产规模总量。保险业总资产同时也体现了保险行业在抵御自然灾害和社会风险发生后的物质赔偿能力。

表 4-10 2004—2015 年宁夏保险业总资产

（单位:亿元）

年份	2004	2005	2006	2007	2008	2009
全国保险业总资产	11953.68	15269.27	19704.19	29326.69	33418.44	40634.75
宁夏保险业总资产	27.10	34.00	42.27	51.37	65.30	81.69
年份	2010	2011	2012	2013	2014	2015
宁夏保险业总资产	105.56	128.00	153.48	180.44	209.70	246.00
全国保险业总资产	50481.61	60138.10	73545.73	82886.95	101591.47	123597.76

数据来源:根据 2005—2015 年《中国保险年鉴》整理并计算所得。2015 年宁夏保险业总资产数据来源于宁夏 2016 年全区保险监管情况通报会会议文件,仅供参考。2015 年中国保险业总资产数据来源于中国保监会网站 2015 年保险统计数据报告。

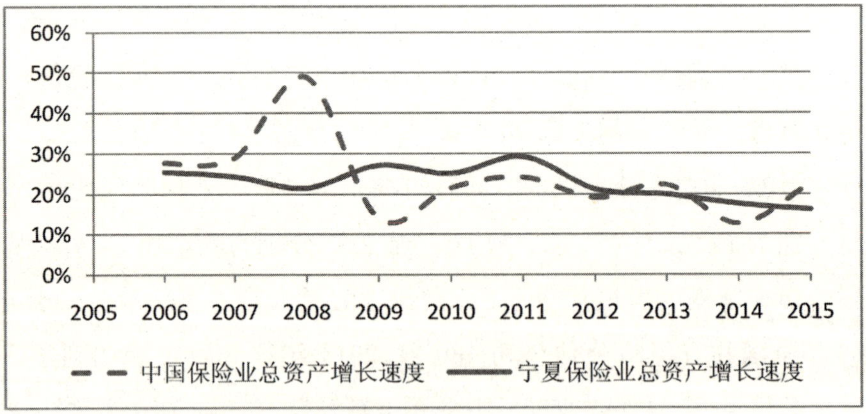

图 4-6 2005—2015 年宁夏业总资产增长速度

2004—2015 年,宁夏保险业总资产由 27.1 亿元上升到了 246 亿元,十二年间翻了三番多。2010 年以前宁夏保险业总资产的增长速度均保持在 20% 以上,此后尽管有所下降但依然保持在了 16% 以上,

2007—2010年间其增长速度超过了中国保险业资产的增长速度，此后有所降低，但增长速度明显稳定。

尽管宁夏保险业近些年来取得了良好的发展，但是毕竟是西部小省份，受经济发展水平和经济体量的限制，宁夏保险业总资产在全国的地位也十分有限。宁夏保险业总资产仅占全国保险业总资产的0.2%左右。从绝对数量上来看，2004年全国保险业总资产为11953.68亿元，宁夏为27.10亿元，全国省份平均385.6亿元；2014年全国保险业总资产为123597.76亿元，宁夏为246亿多，全国省份平均资产为3987亿元。宁夏保险业在这一指标上与全国的发展水平差距巨大，宁夏保险业在灾害补偿能力的提高上任重道远。

（四）宁夏保险公司平均规模分析

保险公司的平均规模指标常常用来衡量保险行业或保险市场的发展质量。保险公司的平均规模越小说明该地区保险行业或保险市场的发展水平相对落后；保险公司的平均规模越大则说明该地区保险行业或保险市场的发展水平相对较高，由此也反映了该地区的保险发展效率高、质量好。区域内保险公司的平均规模可以用公式表示为：

$$\text{保险公司的平均规模}=\frac{\text{区域内保险保费收入}}{\text{区域内保险公司的数量}}$$

通过表4-12可以观察到从2004—2014年宁夏大多数市的保险公司的平均规模都有不同程度的增加。这其中银川市保险公司的平均规模增长幅度最大，由2004年的1.61亿元增长到了2014年的2.95亿元；吴忠市小幅增长，由0.81亿元增长到了0.92亿元；中卫市和固原市从增长幅度来看不能算小，分别增长了一倍左右，但总量依然很小；五个市中只有石嘴山市出现了小幅下滑的状态，由最初的0.65亿元降低到了0.62亿元，这与近年来宏观经济形势和宁夏经济发展转型有一定的关联。

表 4-11　2004—2014 年宁夏各市保险公司平均规模

（单位：百万元）

地区 年份	银川	石嘴山	吴忠	固原	中卫	均值	标准差	全距
2004	161.31	64.68	80.70	25.15	36.50	73.67	53.73	136.16
2005	152.81	78.27	85.03	30.47	35.43	76.40	49.25	122.34
2006	150.55	76.69	79.94	29.89	38.55	75.12	47.69	120.66
2007	145.59	61.93	63.55	24.35	35.47	66.18	47.50	121.24
2008	170.58	48.61	51.00	26.22	36.72	66.63	58.95	144.36
2009	195.10	57.58	64.45	28.41	45.32	78.17	66.79	166.69
2010	237.97	57.44	74.35	37.78	49.33	91.38	83.02	200.19
2011	220.21	52.77	76.48	38.35	50.07	87.58	75.42	181.85
2012	240.30	59.95	82.99	46.73	65.58	99.11	79.99	193.57
2013	274.82	58.23	77.83	46.62	60.70	103.64	96.34	228.20
2014	294.96	61.75	91.98	51.86	68.80	113.87	102.30	243.10

数据来源：根据 2005—2015 年《中国保险年鉴》整理并计算所得。

从各地区保险公司平均规模的均值来看，十一年间也有了不小的增长，由 2004 年的 0.74 亿元增长到了 2014 年的 1.14 亿元。但是各地保险业发展不均衡性也非常明显，无论从平均规模的均值还是标准差和全距指标上能够得到充分体现。2004 年银川市保险公司的平均规模水平为 1.61 亿元，其他四市总和为 2.07 亿元；2014 年银川市为 2.95 亿元，其他四市总和为 2.74 亿元，可以说银川市超过了其他四个市的总和。2004 年的标准差和全距分别为 0.54 亿元和 1.36 亿元，2014 年这两项指标增长为1.02亿元和 2.43 亿元。由此可见，宁夏各区域保险业在发展规模不断增长的同时各地区保险业发展水平的差距也在日趋扩大。

（五）宁夏保险从业人员分析

行业从业人员指标反映了某一个行业或者市场中供给方面劳动力的

供给规模和供给能力。保险业从业人员从人数上反映了保险市场的发展规模，一般包括保险公司在职人员、再保险公司在职人员、专业保险中介机构在职人员等。

表 4-12　2005—2014 年宁夏保险业从业人数

年份	2005	2006	2007	2008	2009	2010	2011	2012	2013	2014
保险业从业人数	0.80	1.00	1.35	1.40	1.53	1.65	1.66	1.61	1.75	2.06

数据来源：根据 2005—2015 年《中国保险年鉴》整理并计算所得。

中国保险业特别寿险业产品营销制度采用的是保险代理人销售的营销制度。在过去二十多年中保险业更多采取了增加营销人员的方式进行发展。在此背景下，2005—2014 年宁夏保险业从业人员总体上呈增长态势，具体见表 4-12。2005 年宁夏保险业从业人员大约 0.8 万人，2014 年这一数字上升到了 2.06 万人。这些保险从业人员中保险营销人员占了绝大多数。以 2010 年为例，宁夏该年共有保险从业人员 1.65 万人，其中保险公司在职人员 3057 人（其中包含高级管理人员 157 人），保险营销员 13345 人，专业中介机构从业人员 92 人。保险营销员占保险从业人员的 80%以上。2007 年以后宁夏保险从业人数增速逐步放缓，到 2012 年降到最低后又有所增加。与此同时，经过调整后保险销售人员的服务能力进一步得到提升。以 2012 年和 2011 年为例，2012 年保险销售人员月均产能 2.21 万元，2011 年同期为 1.98 万元。其中寿险销售人员月均产能为 1.98 万元，2011 年同期为 1.98 万元；产险销售人员人均月产能为 3.17 万元，2011 年同期为 3.03 万元。

二、宁夏保险业区域市场集中度分析

（一）市场集中度的衡量指标

市场集中度是对某一行业整体市场结构集中程度的测量，以此来衡量企业数目和相对规模的差异，是决定市场结构最基本、最重要的因素，它集中体现市场的竞争与垄断程度。最常用的市场集中度指标有行业集中度指数（CR_n）和赫芬达尔—赫希曼指数（HHI），是用来测量产业竞争性和垄断性的指标，以测算的简便性和测算结果的准确性被广泛应用。

赫芬达尔—赫希曼指数 HHI 是一种反映产业集中度的综合指标，是将相关市场上所有企业的市场份额平方后再相加的总和，其计算公式为：

$$HHI=\sum_{i=1}^{N}\left(\frac{X_i}{T}\right)^2=\sum_{i=1}^{N}S_i^{\ 2}$$

公式中 X_i/T 是指第 i 个企业所占的市场份额，其他符号与 CR_n 中的定义相似。HHI 指数对保险公司的规模分布比较敏感，它能够反映市场分化程度与垄断程度，可以不受企业数量和规模分布的影响，能够比较好地测量市场集中度的变化。同时，HHI 指数能够同时反映前几名大企业的市场份额变化和其余中小企业的市场份额变化。因此 HHI 指数是市场集中度测量指标中相对最好的一个。一般而言，HHI 值应当在 0 与 1 之间，但是为了直观，通常的表示方法是将其值乘上 10000 而予以放大，所以 HHI 最后的值在 0 到 10000 之间。

行业集中度指数 CR_n 是衡量市场集中度最基本的指标，通常用前几位企业的生产、销售、资产或者职工人数的累计数量占整个市场的生产、销售、资产或者职工人数的比重来表示。其计算公式为：

$$CR_n=\sum_{i=1}^{N}X_i/\sum_{i=1}^{N}X_i=\sum_{i=1}^{N}S_i$$

其中 CR_n 为 X 产业中规模最大的前 n 位企业的市场集中度。X_i 为 X 产业第 i 位企业的生产额或销售额等。N 为 X 产业的全部企业数。$\sum_{i=1}^{n}X_i$ 表示前 n 位企业的生产额或销售额之和。S_i 表示第 i 位企业的市场占有率。具体市场类型值参见表 4-14。

表 4-13 贝恩的市场结构分类法

类型	Ⅰ极 高寡占型	Ⅱ高级 中寡占型	Ⅲ中(上) 集中寡占型	Ⅳ中(下) 集中寡占型	Ⅴ低 集中寡占型	Ⅵ竞争型
CR_4 值(%)	$CR_4 \geq 75$	$65 \leq CR_4 < 75$	$50 \leq CR_4 < 65$	$35 \leq CR_4 < 50$	$30 \leq CR_4 < 35$	$CR_4 < 30$
CR_8 值(%)	—	$CR_8 \geq 85$	$75 \leq CR_8 < 85$	$45 \leq CR_8 < 75$	$40 \leq CR_8 < 45$	$CR_8 < 30$
企业总数	1—40	20~100	企业数较多	企业数较多	企业数较多	企业数极多

（二）宁夏各市保险业市场集中度分析

考虑到数据计算量的问题，这里用行业集中度指数 CR_n 来分析宁夏各市保险业市场集中度。选用宁夏各地区原保险保费收入作为 X_i 的具体数据，由于宁夏保险市场主体相对较少，CR_n 中的 n 在这里选取 4 一个值，测度年份从 2007 年到 2014 年。具体测算结果见表 4-15。

表 4-14 2007—2014 年宁夏各市保险市场集中度 CR_4(%)值

年份＼地区	银川	石嘴山	吴忠	固原	中卫	均值	标准差	变异系数
2007	86.36	93.96	96.22	98.12	97.16	94.36	4.733	0.050
2008	86.99	88.94	91.87	90.15	91.00	89.79	1.903	0.021
2009	85.64	86.95	88.87	87.96	90.19	87.92	1.746	0.020
2010	80.09	83.80	85.07	91.00	87.64	85.52	4.098	0.048
2011	75.20	80.37	82.72	87.45	87.84	82.72	5.260	0.064
2012	73.18	78.55	81.01	86.80	87.00	81.31	5.838	0.072
2013	70.56	77.93	78.70	87.63	86.70	80.30	7.031	0.088
2014	70.01	74.74	77.17	85.92	86.24	78.82	7.114	0.090

数据来源：根据 2005—2015 年《中国保险年鉴》整理并计算所得。

表 4-14 和图 4-7 是根据 2007—2014 年宁夏五个市的保费收入数据进计算后得出的市场集中度 CR_4 指标的数值及其均值、标准差和变异系数。由该图表能够看出近年来宁夏各市保险业的市场集中度都呈现出了

不同程度的下降趋势。从总体上来讲，CR_4的均值由2007年94.36%下降到了2014年的78.82%，尽管仍然属于极高寡占的市场类型，但是市场竞争的程度也在逐步加强。CR_4的变异系数由2007年的0.05上升到了2014年的0.09，同期中国各省区这一指标值在0.11~0.16之间。这一方面说明宁夏各地区保险市场发展水平较低，因此各不同区域间的绝对差异不大，但从发展态势上来看，不同区域间的相对差异在渐渐扩大，保险产业呈现出一些二元结构的特点。

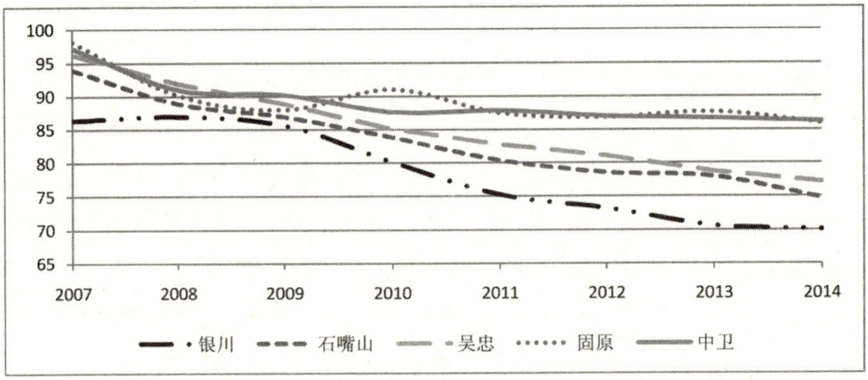

图4-7　2007—2014年宁夏各市保险市场集中度CR_4(%)值

2007年以前，宁夏保险市场供给主体少并且大多集中在银川市，五个市区保险市场的垄断程度都非常高，均属于极高寡占型的市场结构，特别是固原市、中卫市、吴忠市和石嘴山市的市场集中度CR_4值都在90%以上，有些地区如固原市甚至接近100%；银川市的CR_4值稍低一些，但也超过了86%。如果将各地区的财产保险和人身保险市场分别考察的话，宁夏五个市的保险市场集中度CR_4值都达到或接近100%。随后伴随着宁夏保险市场供给主体的不断增加，市场的竞争力量渐渐加强，垄断的力量有所减弱，各个地区的CR_4值都有不同程度的下降。固原市和中卫市的市场发育相对缓慢，到2014年两市的CR_4值仍然位于86%的极高垄断水平。吴忠市和石嘴山市在此七年间CR_4值一路持续而稳定下降，到2014

年分别达到77.17%和74.74%，接近了贝恩的市场结构分类中的高级中寡占型市场结构。银川市一直属于宁夏保险市场竞争最激烈的地区。2008年银川市保险市场中就有10家保险公司，2014年达到了17家，CR_4值在2014年也降低到了70.01%，完全进入了高级中寡占型市场结构。

三、宁夏保险业区域发展地位分析

（一）宁夏保险业区域市场份额分析

区域保险市场份额衡量的是区域保费收入占整体保险费收入的比重，区域保险市场份额越高，反映该区域保险在整体保险市场中所占地位越高①。本书用宁夏五个地市银川市、石嘴山市、吴忠市、固原市和中卫市的保费收入分别占宁夏总保费收入的比重来分析宁夏各区域保险业发展的地位。

从表4-15可以看出，2004—2014年期间银川市的保险份额都居于很高的水平，远远超过宁夏其余四个市，甚至银川市一个区域所占份额超过了石嘴山市、吴忠市、固原市和中卫市四个市的保费收入所占份额的总和。充分显示出宁夏各地区之间保险业发展的不均衡性以及银川市在宁夏保险业中的重要地位。

2004年银川市保险市场份额占到了全宁夏的70%，此后出现了下降的趋势，但是在2009年以后又有所恢复，逐步上升到了接近60%的水平。固原市所占份额最小，并且在十多年间变化微小，基本上维持在5%左右。中卫市的份额变化与固原市相似，变化不是很大，大致在8%上下微小的变动。2004—2008年的五年内石嘴山市和吴忠市的市场份额几乎相当，均在16%左右，而2008以后，吴忠市和石嘴山市开始出现一定差

①晁娜.中国保险业发展的区域性研究[D].乌鲁木齐：新疆财经大学，2011.

距，吴忠市稍有下降并维持在15%左右，石嘴山市却开始走低，甚至降至

表4-15 2004—2014年宁夏各市保费收入及市场份额

年份 \ 地区		银川	石嘴山	吴忠	固原	中卫
2004	保费收入（百万元）	967.84	129.36	161.39	50.30	72.99
	市场份额（%）	70.04	9.36	11.68	3.64	5.28
2005	保费收入（百万元）	916.83	234.80	255.08	60.93	106.29
	市场份额（%）	58.25	14.92	16.21	3.87	6.75
2006	保费收入（百万元）	1053.86	306.75	319.77	89.66	154.19
	市场份额（%）	54.77	15.94	16.62	4.66	8.01
2007	保费收入（百万元）	1310.27	371.59	381.30	121.74	212.82
	市场份额（%）	54.56	15.50	15.90	5.08	8.88
2008	保费收入（百万元）	1705.79	486.08	509.99	183.56	293.75
	市场份额（%）	53.66	15.29	16.04	5.77	9.24
2009	保费收入（百万元）	2146.14	575.75	644.49	198.87	362.56
	市场份额（%）	54.64	14.66	16.41	5.06	9.23
2010	保费收入（百万元）	2855.68	574.39	743.51	264.49	394.67
	市场份额（%）	59.09	11.89	15.38	5.47	8.17
2011	保费收入（百万元）	3303.08	633.29	841.25	306.81	450.64
	市场份额（%）	59.68	11.44	15.20	5.54	8.14
2012	保费收入（百万元）	3844.77	659.42	912.85	327.11	524.67
	市场份额（%）	61.33	10.52	14.56	5.22	8.37
2013	保费收入（百万元）	4397.18	756.95	1089.56	419.61	606.97
	市场份额（%）	60.48	10.41	14.99	5.77	8.35
2014	保费收入（百万元）	5014.33	864.56	1287.74	466.75	756.84
	市场份额（%）	59.76	10.30	15.35	5.56	9.02

数据来源：根据2005—2015年《中国保险年鉴》整理并计算所得。

10%。总体来看，从2009年以来除石嘴山市有下降趋势外，其余四市所占市场份额都略有上升，并且银川市在宁夏保险市场中的重要程度基本没有改变，一直处于很高的水平，其他四市所占份额及变化基本一致，均为较低水平。

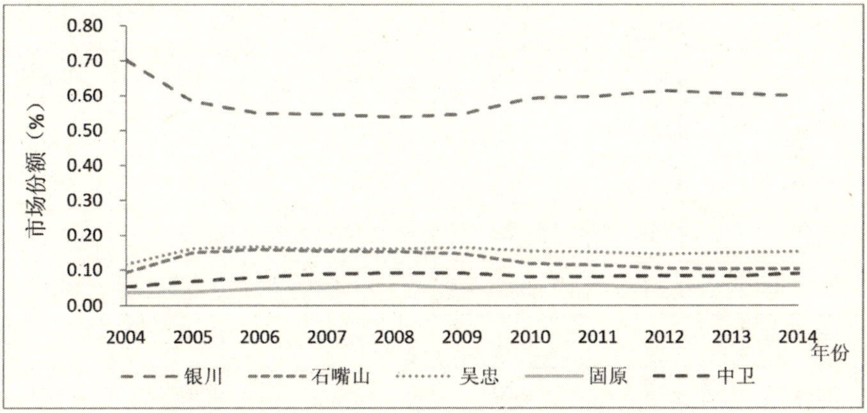

图4-8　2004—2014年宁夏各市区域保险市场份额

（二）宁夏各市区域保险深度与宁夏全区保险深度比较

一个地区的保险深度是指当地保费收入占当地国内生产总值的比重，一般用百分比表示，它反映了区域保险业在区域经济中的地位。用区域内某地区的保险密度与整个区域的保险密度相比较，如果结果大于1，则说明该地区保险业的发展水平高于整体区域的平均水平，并且数值越高说明该地区保险业的发展水平越高；如果结果小于1，则说明该地区保险业的发展水平低于整体区域的平均水平，数值越低说明该地区保险业的发展水平越低。

表 4-16　2004—2014 年宁夏各市区域保险深度与宁夏全区保险深度比

年份＼地区	银川	石嘴山	吴忠	固原	中卫
2004	1.74	0.49	0.52	0.48	0.49
2005	1.23	0.83	1.01	0.53	0.62
2006	1.15	0.88	1.01	0.64	0.76
2007	1.17	0.82	0.98	0.70	0.82
2008	1.15	0.71	1.02	0.84	0.85
2009	1.16	0.74	1.10	0.71	0.85
2010	1.27	0.66	1.17	0.86	0.79
2011	1.26	0.64	1.17	0.88	0.78
2012	1.25	0.60	1.09	0.77	0.78
2013	1.22	0.60	1.10	0.81	0.75
2014	1.18	0.61	1.10	0.76	0.84

数据来源：根据 2005—2015 年《中国保险年鉴》整理并计算所得。

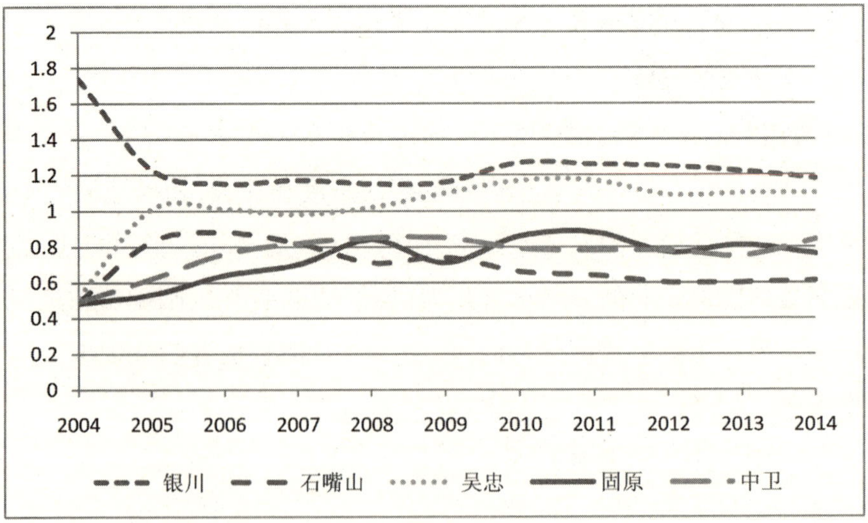

图 4-8　2004—2014 年宁夏各市区域保险深度与宁夏全区保险深度比趋势

从表4-16和图4-8中可以看到银川市和吴忠市的保险深度与宁夏的比值在大多4数年份都超过了1。[①] 银川市的这一比值在所有五个市中是最高的，基本上在1.2左右；吴忠市较银川市略低一些，但绝大多数年份中都高于1，从趋势上来看呈明显上扬趋势，2008年以后大致在1.1左右。石嘴山市、固原市和中卫市三个地区的这一比值的情形相似，都小于1并且具有不明显的下降趋势。固原市和中卫市在经过2005年和2006年的上升后基本上围绕0.8的比值上下波动；石嘴山市则在2007年以后逐渐下降，2010年以后勉强维持在0.6的水平。这些发展态势也与十年来宁夏五个市的经济发展状况和发展地位相吻合。

（三）宁夏各市区域保险密度与宁夏全区保险密度比较

区域保险密度是指一个地区按照当地人口总数计算的平均保费数额，用公式表示为保险密度等于该地当年保费收入除以该地当年人口总数，它直接反映了当地居民参加或购买保险的程度，也反映了一个地区国民经济和保险业发展的水平。区域内某地区的保险深度与整个区域的保险深度相比较，如果结果大于1，则说明该地区居民参加或购买保险的水平高于整体区域的平均水平，也说明该地区保险对于当地经济和居民的渗透程度高；如果结果小于1，则说明该地区保险业对于当地经济和居民生活的渗透程度低。

①2004年宁夏各市区域保险深度与宁夏全区保险深度比中，银川市的比值远高于其他四个市。这是由于统计原因造成的，不能作为一般情况分析。这一年除去中国人保，中国人寿以外的其他各家公司在银川以外的地区都只有营销服务部，其保费收入只能全部统计在银川市，所以银川市的保险深度数字较大，远高于其他市，由此造成的结果就是上述保险深度比中银川远高于其他地市。

表 4-17　2004—2014 年宁夏各市区域保险密度与宁夏全区保险密度比

地区 年份	银川	石嘴山	吴忠	固原	中卫
2004	2.99	0.76	0.55	0.14	0.30
2005	2.44	1.21	0.77	0.15	0.39
2006	2.27	1.30	0.78	0.18	0.46
2007	2.06	1.29	0.76	0.22	0.52
2008	2.00	1.29	0.75	0.27	0.51
2009	2.01	1.26	0.77	0.23	0.51
2010	1.87	1.04	0.76	0.28	0.48
2011	1.88	1.00	0.75	0.28	0.48
2012	1.94	0.92	0.72	0.27	0.49
2013	1.90	0.90	0.74	0.30	0.49
2014	1.86	0.88	0.75	0.30	0.53

数据来源:根据 2005—2015 年《中国保险年鉴》整理并计算所得。

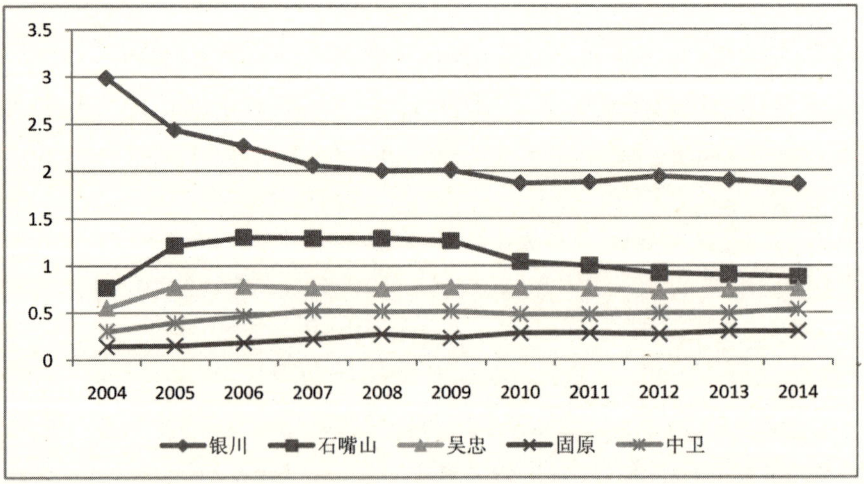

图 4-9　2004—2014 年宁夏各市区域保险密度与宁夏全区保险密度比趋势

从表4-17和图4-9中可以看到银川市的保险密度与宁夏的保险密度比值最高，在2009年以前超过了2，[①]2010年以后也在1.9左右，从发展趋势上来看基本呈缓慢下降态势，可能在现有区域经济发展和收入水平条件下，短期内银川市保险密度的增加将不会太快。其次是石嘴山市，2010年以前大致在1.2左右，此后逐步下降到了2014年的0.88。石嘴山市过去是依托能源化工而发展的地区，近年来受经济结构转型的影响比较大，在各方面的经济指标都有所恶化。吴忠市、中卫市和固原市在经过2005年的上升以后分别维持在0.75、0.50和0.27左右。这与这三个市的经济地位和产业特点也相匹配，基本上都是依靠农业及特色农产品而发展，尽管产值和收入不够高，但是相对稳定，其中固原市还呈现缓慢上升的态势，由此带动保险业的发展也相对稳定，在稳定的发展中还有所上升。

四、宁夏保险业区域发展潜力分析

（一）宁夏保险业区域保险深度分析

保险深度是保费收入占GDP的比重，是反映保险业发展水平的一个常用指标，能够很好地较为宏观的反映一个地区保险业的发展水平。表4-16和图4-9反映了2004—2014年宁夏五个地市的保险深度变化趋势。[②] 从图表中可以看出银川市的保险深度仍然是最高的，变化波动不是很大，十年间由3.21%缓慢增长到了3.59%，其中2010年最高达到

①2004年宁夏各地区域保险密度与宁夏全区保险密度比中，银川市的比值远高于其他四个地市。这是由于统计原因造成的，不能作为一般情况分析。这一年除去中国人保，中国人寿以外的其他各家公司在银川以外的地区都只有营销服务部，其保费收入只能全部统计在银川市，所以银川市的保险密度数字较大，远高于其他市，由此造成的结果就是上述保险密度比中银川远高于其他市。

②2004年银川市的保险深度为5.23%。这是由于统计原因造成的，不能作为一般情况分析。因为这一年除去中国人保，中国人寿以外的其他各家公司在银川以外的地区都只有营销服务部，其保费收入只能全部统计在银川市，所以银川市的保险深度数字较大，远高于其他市。

3.74%；吴忠市居于第二位，变化波动趋势与银川极其相似，由2005年的2.64%逐渐增长到了2014年的3.36%，2010年也是一个小峰值达到了最高3.43%；石嘴山、固原和中卫三个市变动幅度较大，并呈现出相互交错的变化状态。2004年排在三个市最前面的石嘴山市到2014年排在五个市的最后，相反，中卫市在2011年后持续上升并在2014年跃居三个市的首位。从变化中可以看出，银川市与吴忠市的保险业在地区经济中所占的地位是相对较高的，并且两市的发展趋势十分相似。而其余三个市的保险业在各自经济中的地位较为薄弱，保险业有待进一步发展。

表4-18　2004—2014年宁夏各市保险深度

（单位：%）

地区 / 年份	银川	石嘴山	吴忠	固原	中卫	宁夏全区
2004	5.23	1.48	1.56	1.44	1.47	3.00
2005	3.21	2.18	2.64	1.38	1.63	2.62
2006	3.14	2.38	2.76	1.73	2.06	2.72
2007	3.36	2.35	2.82	2.02	2.36	2.87
2008	3.32	2.06	2.95	2.42	2.47	2.89
2009	3.42	2.17	3.22	2.09	2.49	2.94
2010	3.74	1.93	3.43	2.54	2.33	2.94
2011	3.39	1.72	3.14	2.37	2.11	2.69
2012	3.37	1.61	2.93	2.06	2.10	2.69
2013	3.45	1.70	3.12	2.29	2.12	2.83
2014	3.59	1.85	3.36	2.33	2.55	3.05

数据来源：根据2005—2015年《中国保险年鉴》整理并计算所得。

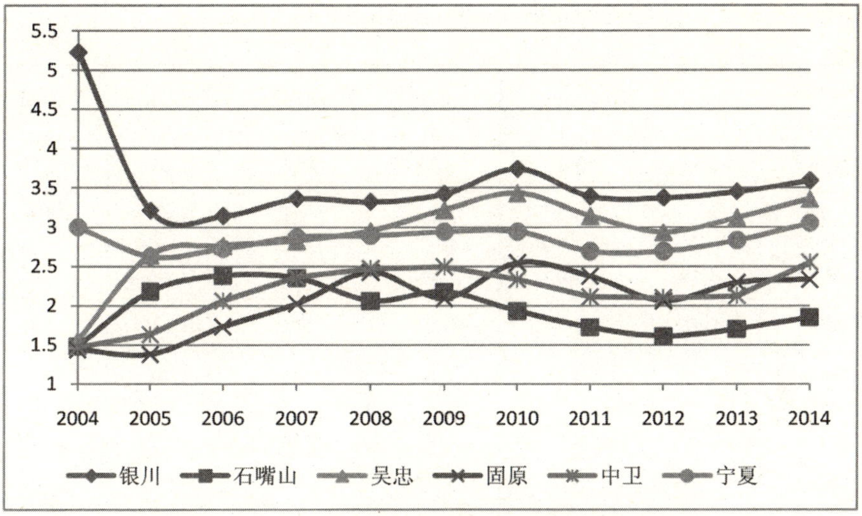

图 4-9　2004—2014 年宁夏各市保险深度变化趋势

2005—2014 年宁夏全区财产保险深度均呈现明显的上升趋势，由 0.76%上升到了 1.32%。各区域中银川市、吴忠市和固原市的财产保险深度高于全区平均水平，其中银川市的增长态势最稳定，固原市的波动较大，在 2008 年和 2010 年两年中形成两个峰值，远高于其他地区。中卫市和石嘴山市低于全区平均水平，其中石嘴山市与宁夏存在着较大的差距，并且从 2008 年以后有进一步拉大的趋势，中卫市有逐步缩小的态势。

2005—2014 年期间宁夏人身保险深度呈现出与财产保险深度明显不同的发展趋势，总体上表现出缓慢下降的趋势。2009 年以前基本上缓慢上升，2010 年以后有较大幅度的下降①，2012 年以后又略有上升。从各地区来看，银川市和吴忠市的水平高于全区总体水平，特别银川市一直持续引领全区发展，这在一定程度上也映射了银川市在宁夏的经

①由于保险业务统计口径调整，2011 年人身保险和财产保险业务量有所变化，在一定程度上降低了人身保险深度的数值。

表 4-19　2005—2014 年宁夏各市财产保险深

（单位：%）

地区 年份	银川	石嘴山	吴忠	固原	中卫	宁夏
2005	0.98	0.47	0.78	0.54	0.42	0.76
2006	0.93	0.59	0.83	0.74	0.52	0.80
2007	1.05	0.63	0.90	1.01	0.79	0.91
2008	0.92	0.48	0.95	1.32	0.82	0.86
2009	0.99	0.51	1.06	1.08	0.79	0.89
2010	1.22	0.67	1.41	1.48	0.92	1.06
2011	1.25	0.65	1.35	1.40	0.88	1.06
2012	1.34	0.68	1.29	1.33	0.93	1.14
2013	1.43	0.71	1.38	1.35	0.97	1.22
2014	1.50	0.80	1.41	1.45	1.14	1.32

数据来源：根据 2005—2015 年《中国保险年鉴》整理并计算。

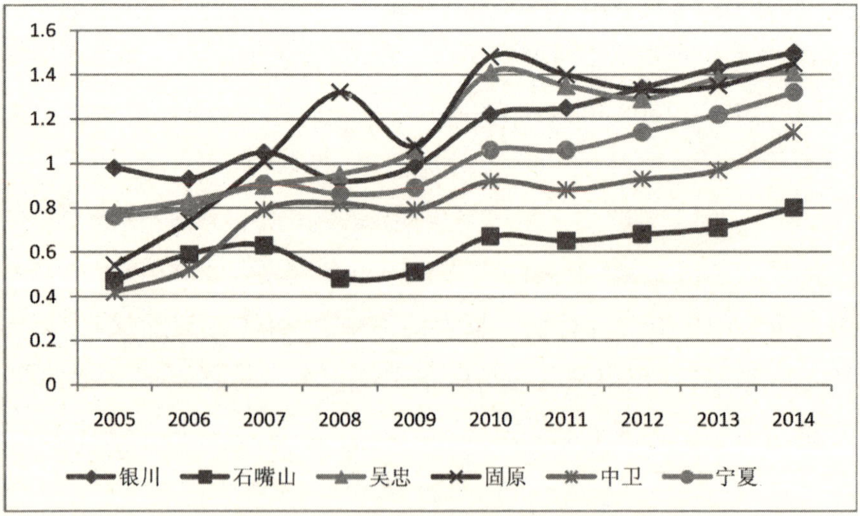

图 4-10　2005—2014 年宁夏各市财产保险深度变化趋势

表 4-20　2005—2014 年宁夏各市人身保险深度

（单位:%）

年份＼地区	银川	石嘴山	吴忠	固原	中卫	宁夏
2005	2.23	1.71	1.86	0.84	1.21	1.86
2006	2.21	1.79	1.93	0.99	1.54	1.92
2007	2.31	1.72	1.92	1.01	1.57	1.96
2008	2.40	1.58	2.00	1.10	1.65	2.03
2009	2.43	1.66	2.17	1.01	1.70	2.06
2010	2.52	1.25	2.01	1.06	1.41	1.88
2011	2.14	1.07	1.79	0.97	1.23	1.62
2012	2.03	0.93	1.63	0.74	1.17	1.56
2013	2.03	0.99	1.74	0.95	1.14	1.61
2014	2.09	1.05	1.94	0.88	1.41	1.73

数据来源:根据 2005—2015 年《中国保险年鉴》整理并计算所得。

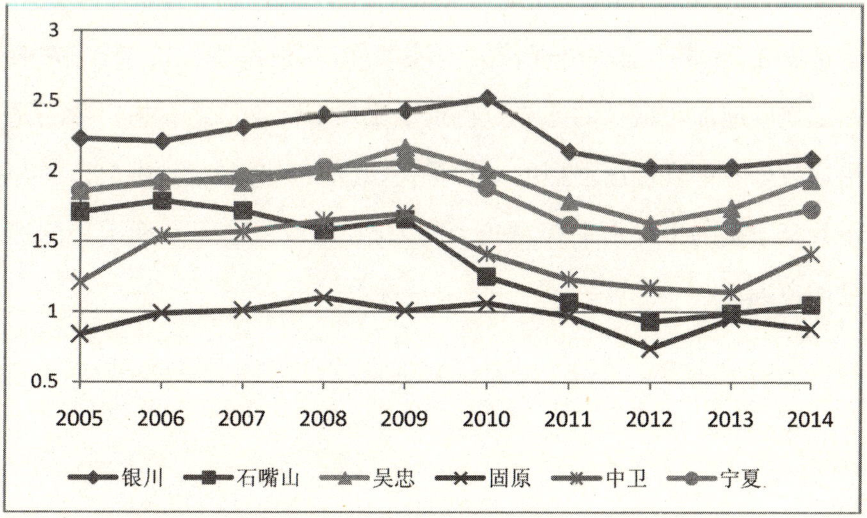

图 4-11　2005—2014 年宁夏各市人身保险深度变化趋势

济地位。其他三市石嘴山市、固原市和中卫市均低于全区水平。固原市由于经济发展水平低、居民收入水平低等原因，人身保险深度对区域经济影响程度小，与全区平均水平距离较大。石嘴山市受近些年来经济发展减缓的影响，这一指标一直持续下降。中卫市则大致保持了与全区发展的相同态势，今后随着中卫市经济的进一步发展，人身保险深度将会逐步提高。

（二）宁夏保险业区域保险密度分析

保险密度是某一地区的总保费收入除以该地区人口数。保险密度指标能够比较真实地反映考虑到人口因素后的区域保险业的实际发展水平和发展潜力。表 4-21、表 4-22 和表 4-23 中的数据显示了 2005—2014 年期间宁夏各市保险密度、财产保险密度和人身保险密度的变化态势。在过去的近十年中，宁夏区域保险业各类保险密度都呈现出比较良好地增长态势。保险密度分别增长了 2.66-8.40 倍；财产保险密度分别增长 3.98-13.86 倍；人身保险密度分别增长了 1.52-4.87 倍。除固原市的人身保险密度在 2009 年前后出现较大地波动外，其他市均稳定增长，并表现出一定程度地加快增长的态势。特别是银川市无论从绝对指标数还是相对指标数来看都表现出强烈的增长势头，其他市如固原市、中卫市尚与银川市甚至宁夏的平均水平存在较大的差距，区域保险业发展水平的提高任重而道远。

表 4-21　2005—2014 年宁夏各市保险密度

（单位：元）

年份＼地区	银川	石嘴山	吴忠	固原	中卫	宁夏
2005	643.71	320.60	202.86	40.45	102.20	263.99
2006	726.95	415.31	251.21	58.89	146.33	320.07
2007	810.51	508.74	296.98	85.38	203.48	392.91
2008	1031.12	661.88	387.65	136.55	260.33	514.69
2009	1260.95	791.96	483.13	147.20	318.60	628.26
2010	1432.85	791.72	583.69	215.35	365.16	764.67
2011	1630.59	862.67	649.72	246.02	412.34	865.60
2012	1878.89	889.18	695.50	258.73	473.88	968.62
2013	2111.29	996.90	818.60	337.28	539.62	1111.34
2014	2355.25	1118.89	951.76	380.28	667.71	1268.29

数据来源：根据 2005—2015 年《中国保险年鉴》整理并计算所得。

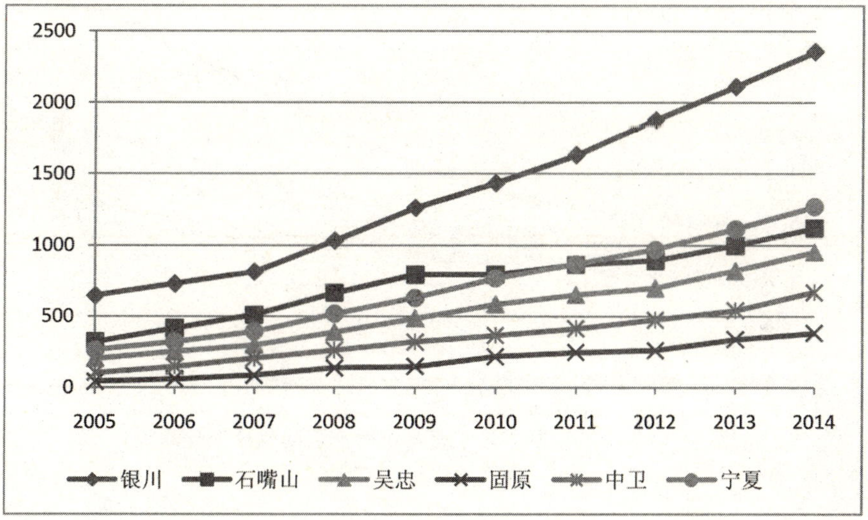

图 4-12　2005—2014 年宁夏各市保险密度变化趋势

表 4-22　2005—2014 年宁夏各市财产保险密度①

（单位:元）

年份＼地区	银川	石嘴山	吴忠	固原	中卫	宁夏全区
2005	197.38	68.71	60.13	15.89	26.29	76.88
2006	216.18	102.92	75.17	25.07	37.24	93.72
2007	253.64	135.88	94.50	42.66	67.82	125.03
2008	286.56	152.97	124.85	74.26	86.63	153.51
2009	364.59	184.97	158.36	76.18	101.05	189.40
2010	467.95	276.96	240.62	125.72	144.07	276.93
2011	602.19	326.27	279.34	145.37	171.52	342.45
2012	745.13	373.83	307.46	166.40	210.01	409.22
2013	872.73	417.07	362.20	197.97	248.01	480.24
2014	983.93	482.94	400.81	236.05	298.47	549.97

数据来源:根据 2005—2015 年《中国保险年鉴》整理并计算所得。

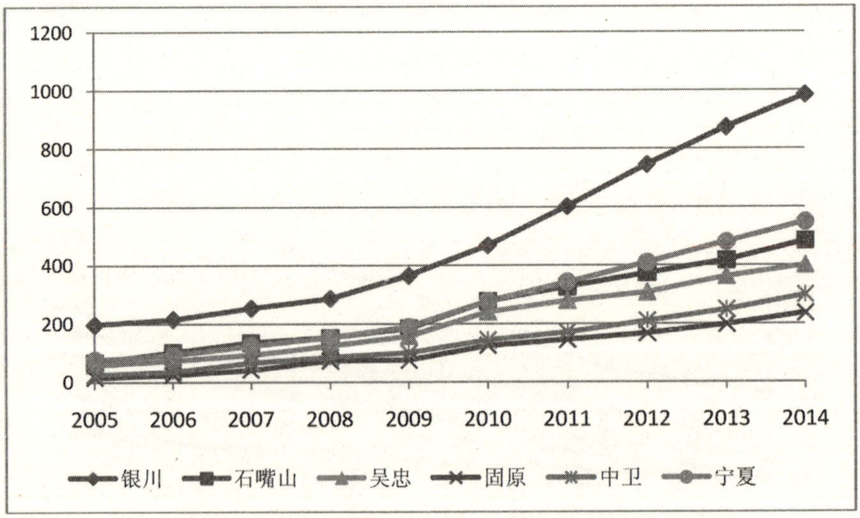

图 4-13　2005—2014 年宁夏各市财产保险密度变化趋势

①2012—2014 年的《中国保险年鉴》中的吴忠市财产保险密度统计计算有误,本书对此三项数据做了计算修正,其结果分别为 10.15 元、6.48 元和 14.54 元。

表 4-23　2005—2014 年宁夏各市人身保险密度

（单位：元）

年份＼地区	银川	石嘴山	吴忠	固原	中卫	宁夏
2005	446.32	251.94	142.73	24.56	75.73	187.11
2006	510.77	312.39	176.04	33.82	109.09	226.35
2007	556.48	372.85	202.48	42.72	135.66	267.78
2008	744.56	508.91	262.79	62.29	173.69	361.17
2009	896.36	606.99	324.77	71.02	217.55	438.84
2010	966.36	514.76	343.08	89.62	221.08	487.74
2011	1028.40	536.40	370.38	100.65	240.82	523.15
2012	1133.75	515.35	388.04	92.33	263.86	559.40
2013	1238.55	579.84	456.40	139.31	291.61	631.10
2014	1371.32	635.94	550.96	144.23	369.23	718.31

数据来源：根据 2005—2015 年《中国保险年鉴》整理并计算所得。

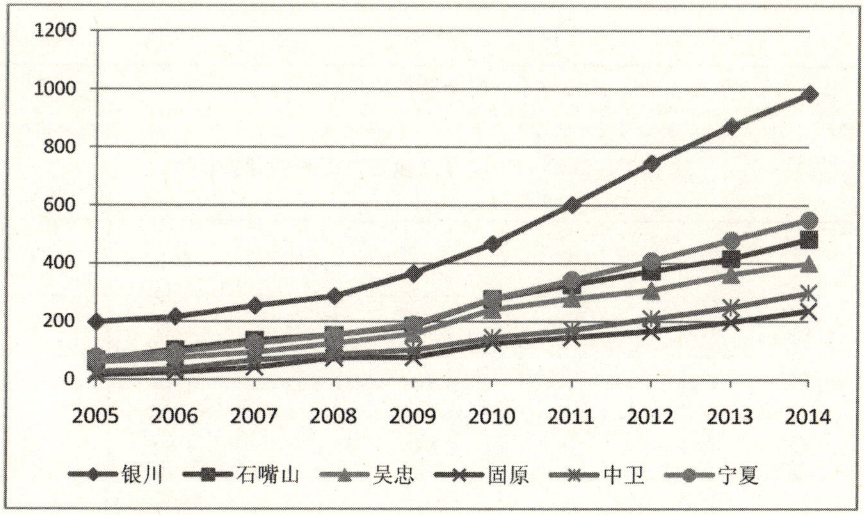

图 4-14　2005—2014 年宁夏各市人身保险密度变化趋势

（三）宁夏保险业区域保险潜在保源转化率分析

潜在保源转化率是衡量区域保险业发展潜力的一个重要方面。潜在保源转化率是指保险公司实际承保的数量与区域保险市场保源拥有数量之比的一个综合考量。从理论上讲，它是指一个地区的有效保险需求与潜在保险需求的百分比。实际中一般用区域保险业保费收入与居民储蓄存款余额或金融机构存款余额的百分比来衡量。本书采用宁夏区域保险业保费收入与金融机构存款余额的百分比来衡量宁夏区域保险业潜在保源转化率。

表 4-24　2005—2014 年宁夏各市金融机构存款余额

（单位：亿元）

年份＼地区	银川	石嘴山	吴忠	固原	中卫	宁夏
2011	1810.20	418.63	319.62	182.09	236.33	2966.87
2012	2108.28	487.77	372.60	229.39	297.36	3495.41
2013	2340.93	505.16	417.44	271.05	333.89	3868.47
2014	2608.97	481.88	474.88	304.18	339.18	4209.06

数据来源：根据 2005—2015 年《中国金融年鉴》整理并计算所得。

表 4-25　2005—2014 年宁夏各市保险保源转化率

（单位：%）

年份＼地区	银川	石嘴山	吴忠	固原	中卫	宁夏
2011	1.82	1.51	2.63	1.68	1.91	1.87
2012	1.82	1.35	2.45	1.43	1.76	1.79
2013	1.88	1.50	2.61	1.55	1.82	1.88
2014	1.92	1.79	2.71	1.53	2.23	1.99

数据来源：根据 2005—2015 年《中国保险年鉴》整理并计算所得。

2011—2014年期间宁夏全区平均潜在保源转化率略有增加，从1.87%增加到了1.99%，发展态势相对平稳，没有表现出明显的波动。发展水平大致与全国平均水平相当，但与一些发达地区相比，还存在着一定的差距。分区域来看，五个市区的潜在保源转化率并不与经济发展程度完全相关，但存在着一定的差异。吴忠市的潜在保源转化率最高，基本都在2.6%以上，中卫市和银川市相当，在1.9%左右，石嘴山市和固原市最低，在1.5%左右，两市的发展态势也竟不相同。由此看来，宁夏中部平原区保险业实际发展水平与潜在的保险需求水平的适应程度相对较高，而北部石嘴山市和南部山区固原市的保险业实际发展水平与潜在的保险需求水平适应程度较弱，具体原因还有待进一步探讨。总体来讲，宁夏区域保险业的发展潜力还有巨大的提升空间。

五、宁夏保险业区域风险保障和经济补偿功能分析

（一）保险金额分析

保险金额是保险公司是对其所承保风险的最高责任限额，是保险业社会责任的重要指标。保险企业承保的保险金额既是区域保险发展水平和社会地位的体现，同时也是该地区经济发展水平和居民收入水平的反映。保险金额的增加有利于保险行业声誉的提高。

从表4-26可以看出，2005—2014年宁夏各市承保的保险金额都有不同程度的提高，十年来的均值由406.81亿元提高到了7308.30亿元，区域保险业对当地经济社会的风险保障功能进一步加强。但是不同地市区域保险业所承担的社会责任也存在较大的差距，保险金额全距由1236.11亿元扩大至8777.53亿元。2005年承保金额最高的地区是银川市1288.17亿元，最低的是固原市52.06亿元；2014年最高的仍然是银川市12512.27亿元，最低的则是石嘴山市3734.74元。

表 4-26　2005—2014 年宁夏各市保险金额

（单位:亿元）

年份＼地区	银川	石嘴山	吴忠	固原	中卫	均值	全距
2005	1288.17	268.44	286.81	52.06	138.59	406.81	1236.11
2006	2523.23	377.20	565.80	151.60	154.08	754.38	2371.63
2007	3348.78	531.41	644.98	143.12	375.82	1008.82	3205.66
2008	4667.47	372.91	705.20	236.91	249.04	1246.31	4430.56
2009	6595.21	468.04	752.43	215.58	594.02	1725.06	6379.63
2010	8676.91	521.33	878.27	315.96	403.82	2159.26	8360.95
2011	7116.22	702.44	976.52	497.01	543.86	1967.21	6619.21
2012	8034.18	824.77	1072.79	536.98	866.47	2267.04	7497.20
2013	9002.01	3371.33	1272.17	6721.68	990.32	4271.50	8011.69
2014	12512.27	3734.74	7022.59	7067.32	6204.59	7308.30	8777.53

数据来源:根据 2005—2015 年《中国保险年鉴》整理并计算所得。

五个市中银川市承保的保险金额最高,市场份额最大,2012 年以前均占到宁夏总保险金额的 60%以上,2010 年占比高达 80%,2013 年以后有所下降,但仍然超过了 30%。2012 年以来固原市、吴忠市、中卫市增速较快,石嘴山市增速较慢,各地区所承保的保险金额相对增速差距有缩小趋势。

（二）保险赔付支出分析

保险赔付是保险企业实际履行的保险合同中规定的经济赔偿和给付责任,包括财产保险中的损失赔偿金额和人身保险中保险给付金的金额。保险赔付支出体现了保险业切实履行的对社会的经济补偿责任,是保险功能发挥的最重要的环节。

表 4-27　2005—2014 年宁夏各市保险赔款支出

（单位：百万元）

地区 年份	银川	石嘴山	吴忠	固原	中卫	均值	全距
2005	213.20	51.40	65.48	19.56	36.30	77.19	193.64
2006	236.71	73.36	78.79	25.10	38.28	90.45	211.61
2007	345.75	110.16	119.68	66.92	47.46	137.99	298.29
2008	439.99	114.40	123.66	65.59	80.92	164.91	374.40
2009	510.11	128.58	150.15	76.03	100.31	193.04	434.08
2010	614.60	144.66	202.23	90.83	114.91	233.45	523.77
2011	795.48	186.98	240.70	112.53	140.62	295.26	682.95
2012	1103.01	239.24	318.52	151.09	186.77	399.73	951.92
2013	1392.20	252.27	349.85	197.68	211.59	480.72	1194.52
2014	1720.51	281.92	473.77	205.68	334.84	603.34	1514.83

数据来源：根据 2005—2015 年《中国保险年鉴》整理并计算所得。

表 4-27 反映了 2005—2014 年宁夏各市区域保险业的保险赔付情况。很明显十年来各地区的保险赔付金额都在不断地增加。2005 年保险赔款均值为 77.19 亿元，2014 年上升到了 603.34 亿元，十年中增长了近 8 倍，保险业的经济补偿作用日益加强。当然由于经济发展的原因，各市的保险赔款额的全距也在进一步拉大。2005 年是 193.64 亿元，2014 年扩大到了 1514.83 亿元。经济发展水平越高的地区承保的保险金额越高从而保险赔付也越高，保险功能的发挥越充分。银川市的保险赔款支出在宁夏保险业总赔款支出中的份额一直遥遥领先，保险赔款的增速也最快，过去十年间大约占比为 50%，2014 年赔付支出达 17.2 亿元。其他四个市区中，吴忠市大约占 15%，石嘴山市、中卫市和固原市勉强保持在 10%左右。2014 年固原市的保险赔款只有不到 2.1 亿元，保险业经济补偿功能的发挥十分有限。

六、宁夏保险业区域间协调度实证分析

协调度分析主要在经济发展与生态环境关系、区域经济与社会发展中得到广泛应用。已经有学者将协调度模型引入到了保险领域,并得出了较为可信的结论。胡宏兵、王强、薛伟贤等人在研究中国保险业的区域协调发展情况时运用了距离协调度模型,计算得出全国保险协调度在0.2-0.6之间,得到中国东、中、西部地区保险业发展不均衡的结论。本书这一部分研究运用距离协调度模型对宁夏保险业五个市区域之间的协调情况进行分析。

(一)距离协调度模型

距离协调度模型是用系统之间的距离来评估系统的协调度,是通过测度静态系统间的距离大小,来判断系统相似性的统计指标,通过比较不同时期的协调度,找到系统协调发展的趋势①。本书根据以往学者的研究直接引入描述两个系统的协调度模型②为:

$$CD=\left\{\frac{f_1^r(a)\times f_2^r(b)}{\left[\frac{f_1^r(a)+f_2^r(b)}{2}\right]^2}\right\}^k \qquad (1)$$

其中$f_1^r(a)$、$f_2^r(b)$分别代表两个系统在时点 t(r) 上的综合发展水平,a 和 b 分别是两个系统的特征向量③,CD 为协调度,K 为调节系数,一般 K

①张竞竞. 城乡协调度评价模型构建及应用 [J]. 干旱区资源与环境,2007(2):5-11.

②距离协调度模型最初反映的是系统实际状态与理想状态之间的差距,并据此评价该系统与其他系统之间的协调度。本书中的模型引用的是薛伟贤等人对保险业区域协调发展的研究中的理论模型。

③如果矩阵对某一个向量或某些向量只发生伸缩变换,不对这些向量产生旋转的效果,那么这些向量就称为这个矩阵的特征向量。

$\geqslant 2$，通常取 $K=5$。$0\leqslant CD\leqslant 1$，当 $f_1^r(a)=f_2^r(b)$ 时，$CD=1$ 此时的协调度最好①。将公式（1）扩展到五个系统，可得到的协调度模型为公式（2）。

$$CD=\left\{\frac{f_1^r(a)\times f_2^r(b)\times f_3^r(e)\times f_4^r(g)\times f_5^r(h)}{\left[\frac{f_1^r(a)+f_2^r(b)+f_3^r(e)+f_4^r(g)+f_5^r(h)}{5}\right]^5}\right\}^k \quad (2)$$

（二）宁夏区域保险业综合发展水平评估

用距离协调度公式测算宁夏五个市保险业的协调度，首先要计算五个市保险业发展的综合水平，然后根据协调度公式计算宁夏五个市区间保险业发展的协调度。本书在计算每个市保险业的综合发展水平时所使用的保险业中 12 个代表性指标是参照薛伟贤等人在研究中国保险业综合发展水平时选取的指标。然后利用因子分析法使用 spss 软件将 12 个指标降维，从中提取了能代表原始数据大部分内容的三个主成分，最后根据得分情况计算得出保险业的综合发展水平。本书为了更清楚地发现宁夏地区保险业的协调情况，选取了每个市 2004—2014 年十一年来的数据进行计算。保险业发展水平中的 12 个指标数据是通过查阅 2005—2015 年的《中国保险年鉴》得到的。由于计算较为繁琐，仅以 2014 年为例，计算过程如下：

以下表 4-28 和表 4-29 是参照薛伟贤等人的研究中选取的能够较为全面的体现保险业发展的 12 个指标，以及通过查阅 2015 年的《中国保险年鉴》得出的 2014 年宁夏各市保险业务情况。

①薛伟贤，董维维，王强．入世后我国区域间保险业协调度分析［J］．江西财经大学学报，2008，(6)。

表 4-28 变量表

X_1	X_2	X_3	X_4	X_5	X_6	X_7	X_8	X_9	X_{10}	X_{11}	X_{12}
总保费收入	总保费收入同比增长	财险保费收入	财险保费收入同比增长	人身险保费收入	人身险保费收入同比增长	总保险密度	财产保险密度	人身险保险密度	总保险深度	财产保险深度	人身险保险深度

表 4-29 2014 年宁夏各市保险业务情况

类型	指标	变量	银川	石嘴山	吴忠	固原	中卫
全部业务	保费收入（百万元）	X_1	5014.33	864.56	1287.74	466.75	756.84
	同比增长（%）	X_2	14.04	14.22	18.19	11.23	24.69
财产保险业务	保费收入（百万元）	X_3	2094.79	373.17	542.30	289.73	338.32
	同比增长（%）	X_4	15.25	17.84	12.49	17.63	21.27
人身保险业务	保费收入（百万元）	X_5	2919.54	491.39	745.44	177.02	418.53
	同比增长（%）	X_6	13.18	11.61	22.71	2.14	27.60
保险密度（元/人）	全部业务	X_7	2355.25	1118.89	951.76	380.28	667.71
	财产保险	X_8	983.93	482.94	400.81	236.05	298.47
	人身保险	X_9	1371.32	635.94	550.96	144.23	369.23
保险深度（%）	全部业务	X_{10}	3.59	1.85	3.36	2.33	2.55
	财产保险	X_{11}	1.50	0.80	1.41	1.45	1.14
	人身保险	X_{12}	2.09	1.05	1.94	0.88	1.41

数据来源：根据 2015 年《中国保险年鉴》整理并计算所得。

在运用 spss 软件进行因子分析前需对选取的 12 个指标进行相关性检验，以便确认指标的相关性大小。各指标存在较强相关性的情况下即可进行下一步的分析。表 4-30 是对上述所得数据进行各变量相关性分析的结果。

表 4-30　相关系数矩阵

	X_1	X_2	X_3	X_4	X_5	X_6	X_7	X_8	X_9	X_{10}	X_{11}	X_{12}
X_1	1	-0.207	0.999	-0.383	1.000	-0.031	0.960	0.969	0.951	0.728	0.451	0.745
X_2	-0.207	1	-0.233	0.387	-0.189	0.943	-0.198	-0.255	-0.160	0.105	-0.208	0.256
X_3	0.999	-0.233	1	-0.377	0.997	-0.065	0.950	0.962	0.939	0.724	0.474	0.726
X_4	-0.383	0.387	-0.377	1	-0.387	0.088	-0.385	-0.374	-0.390	-0.644	-0.491	-0.601
X_5	1.000	-0.189	0.997	-0.387	1	-0.008	0.966	0.972	0.958	0.731	0.435	0.758
X_6	-0.031	0.943	-0.065	0.088	-0.008	1	0.011	-0.058	0.055	0.316	-0.144	0.506
X_7	0.960	-0.198	0.950	-0.385	0.966	0.011	1	0.997	0.999	0.607	0.209	0.713
X_8	0.969	-0.255	0.962	-0.374	0.972	-0.058	0.997	1	0.992	0.593	0.239	0.678
X_9	0.951	-0.160	0.939	-0.390	0.958	0.055	0.999	0.992	1	0.613	0.189	0.732
X_{10}	0.728	0.105	0.742	-0.644	0.731	0.316	0.607	0.593	0.613	1	0.768	0.936
X_{11}	0.451	-0.208	0.474	-0.491	0.435	-0.144	0.209	0.239	0.189	0.768	1	0.494
X_{12}	0.745	0.256	0.726	-0.601	0.758	0.506	0.713	0.678	0.732	0.936	0.494	1

由相关性分析可知，各变量间相关系数大部分都很高，说明各变量存在较强的相关关系，因此可以进行因子分析。然后用 spss 软件进行主成分提取，得到的结果如表 4-31。表 4-31 为提取的主成分对原始数据的贡献率。

表 4-31　解释的总方差

成分	初始特征值			提取平方和载入			旋转平方和载入		
	合计	方差的%	累积%	合计	方差的%	累积%	合计	方差的%	累积%
1	7.512	62.597	62.597	7.512	62.597	62.597	6.284	52.368	52.368
2	2.300	19.164	81.762	2.300	19.164	81.762	2.782	23.181	75.550
3	1.551	12.927	94.689	1.551	12.927	94.689	2.297	19.139	94.689
4	0.637	5.311	100.000						
5	6.001E-016	5.001E-015	100.000						

由表 4-31 可以看出，系统默认特征值大于 1 的前 3 个公共因子的累积贡献率为 94.69%，即这三个主成分提供了原始数据足够多的信息。由以下碎石图也可以看出，前三个因子变化较其他的都大，可以用其代表原始数据进行计算，所以提取前三个因子是可行的。

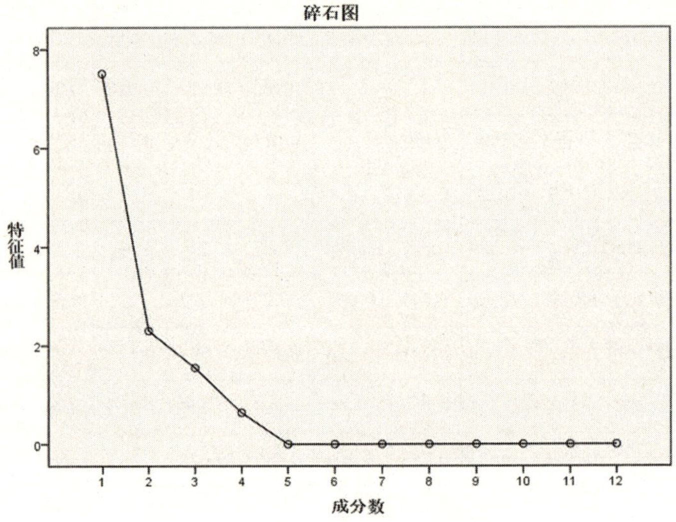

图 4-15　特征值碎石图

表 4-32 是根据表 4-31 所提取的三个主成分的因子矩阵，它反映了所提取的三个主成分对各个原始变量的影响程度①。从三个主成分相较于各个变量的负荷值可以看出，第一主成分在 X_1、X_3、X_5、X_7、X_8、X_9、X_{12} 上的负荷值很大，其中 X_1、X_3、X_5 反映的是保费收入的规模，X_7、X_8、X_9、X_{12} 则代表了保险业发展的相对强度，因而，第一主成分主要代表保费收入规模和保险发展的相对强度；第二主成分在 X_4、X_{10}、X_{11} 上的负荷值很大，主要代表了保险深度情况；第三主成分在 X_2、X_6 上的负荷值很大，主要代表保费收入的增长速度。

①胡宏兵.中国保险业区域协调发展战略研究[M].北京：中国社会科学出版社，2014，93-108.

表 4-32　旋转成分矩阵 a

	成分		
	F1	F2	F3
X_1	0.939	0.314	-0.038
X_2	-0.149	-0.150	0.969
X_3	0.930	0.323	-0.069
X_4	-0.221	-0.779	0.173
X_5	0.944	0.308	-0.017
X_6	0.016	0.021	0.993
X_7	0.985	0.147	-0.018
X_8	0.984	0.151	-0.083
X_9	0.982	0.143	0.023
X_{10}	0.509	0.803	0.301
X_{11}	0.118	0.885	-0.117
X_{12}	0.631	0.602	0.471

表 4-32 是根据表 4-31 所提取的三个主成分的因子矩阵，它反映了所提取的三个主成分对各个原始变量的影响程度①。从三个主成分相较于各个变量的负荷值可以看出，第一主成分在 X_1、X_3、X_5、X_7、X_8、X_9、X_{12}上的负荷值很大，其中 X_1、X_3、X_5反映的是保费收入的规模，X_7、X_8、X_9、X_{12}则代表了保险业发展的相对强度，因而，第一主成分主要代表保费收入规模和保险发展的相对强度；第二主成分在 X_4、X_{10}、X_{11}上的负荷值很大，主要代表了保险深度情况；第三主成分在 X_2、X_6上的负荷值很大，主要代表保费收入的增长速度。

①胡宏兵.中国保险业区域协调发展战略研究[M].北京：中国社会科学出版社，2014，93-108.

表 4-33　成分得分系数矩阵

	变量		
	F1	F2	F3
X_1	0.159	-0.024	-0.021
X_2	-0.003	-0.069	0.426
X_3	0.155	-0.016	-0.034
X_4	0.108	-0.377	0.090
X_5	0.161	-0.028	-0.012
X_6	0.002	-0.011	0.433
X_7	0.204	-0.124	-0.009
X_8	0.203	-0.120	-0.037
X_9	0.204	-0.126	0.009
X_{10}	-0.044	0.322	0.117
X_{11}	-0.154	0.454	-0.068
X_{12}	0.027	0.185	0.195

表 4-33 是提取的三个主成分在原始的 12 个指标中的得分情况，由表 4-33 的成分得分系数矩阵，可以写出各主成分的表达式：

$Fac\_1=0.0159X_1-0.003X_2+0.155X_3+0.108X_4+0.161X_5+0.002X_6+0.204X_7+0.203X_8+0.204X_9-0.044X_{10}-0.154X_{11}+0.027X_{12}$

$Fac\_2=-0.024X_1-0.069X_2-0.016X_3-0.377X_4-0.028X_5-0.011X_6-0.124X_7-0.120X_8-0.126X_9+0.322X_{10}+0.454X_{11}+0.185X_{12}$

$Fac\_3=-0.021X_1+0.426X_2-0.034X_3+0.090X_4-0.012X_5+0.433X_6-0.009X_7-0.037X_8+0.009X_9+0.117X_{10}-0.068X_{11}+0.195X_{12}$

同时，根据表 7 解释的总方差中，三个主成分的方差贡献度可以写出 2014 年保险业综合发展水平的总体指数表达式：

$$Fac=(0.52368\ Fac\_1+0.23181\ Fac\_2+0.19139\ Fac\_3)/0.94689$$

根据以上四个公式，以及原始变量的数值，可以得出宁夏五个市三个主成分的因子得分和总得分，其中三个主成分的因子得分是 spss 软件运行的结果，总的因子得分根据上述公式计算得出，结果见表 4-34。得出的 fac 值即为所求保险业的综合发展水平。

表 4-34 2014 年宁夏保险业区域发展水平因子得分

地区	Fac_1	Fac_2	Fac_3	Fac
银川	1.65548	0.45621	-0.21465	2.00344285
石嘴山	0.11844	-1.31166	-0.48652	1.7739547
吴忠	-0.45901	1.23642	0.59545	1.44986218
固原	-0.94914	0.29435	-1.24272	2.0039392
中卫	-0.36577	-0.67532	1.34845	0.32459948

运用同样的方法，可以计算出每个市其他十年的综合得分情况，经汇总得到 2004-2014 年每年宁夏五个市保险业发展水平因子得分表，即每年五个市保险业综合发展水平的最终评估结果，见表 4-35。

表 4-35 2004—2014 年宁夏保险业区域发展水平因子得分

年份＼地区	银川	石嘴山	吴忠	固原	中卫
2004	2.669328	1.845434	0.630777	0.557572	0.897110
2005	0.838723	1.012771	1.725168	2.493730	1.082933
2006	2.766246	0.469318	0.692867	1.437379	1.552405
2007	2.608077	1.980002	1.250746	0.015637	0.638308
2008	1.927226	1.330162	2.055742	1.645553	0.186875
2009	2.402374	1.856602	1.196743	1.173956	0.568559

续表

年份＼地区	银川	石嘴山	吴忠	固原	中卫
2010	2.586212	0.723316	0.248914	0.695046	2.309027
2011	2.559458	2.205850	0.344760	0.160687	0.859065
2012	2.877856	1.795895	0.325932	1.325098	0.082816
2013	2.132184	2.020208	0.400793	1.109830	1.622598
2014	2.003443	1.773955	1.449862	2.003939	0.324599

（三）宁夏区域保险业的协调度计量分析

将上表中计算得到的结果带入到公式(1)和公式(2)中，令 K=5，可以求出银川市、石嘴山市、吴忠市、固原市以及中卫市每两个市之间的保险业协调度数值，以及宁夏保险业整体协调情况，具体结果如下表：

表 4-36　2004—2014 年宁夏保险业各区域间发展协调度

年份＼地区	银川、石嘴山	银川、吴忠	银川、固原	银川、中卫	石嘴山、吴忠	石嘴山、固原	石嘴山、中卫	吴忠、固原	吴忠、中卫	固原、中卫	宁夏整体协调度
2004	0.844	0.090	0.061	0.242	0.253	0.25	0.529	0.981	0.857	0.756	0.009
2005	0.957	0.529	0.243	0.922	0.704	0.37	0.994	0.845	0.764	0.429	0.125
2006	0.030	0.108	0.591	0.663	0.828	0.22	0.184	0.521	0.453	0.993	0.010
2007	0.910	0.517	0.000	0.101	0.770	0.000	0.218	0.000	0.574	0.000	0.000
2008	0.843	0.995	0.969	0.003	0.791	0.945	0.015	0.940	0.003	0.007	0.001
2009	0.921	0.552	0.534	0.091	0.787	0.771	0.191	1.000	0.508	0.526	0.063
2010	0.149	0.003	0.133	0.984	0.257	0.998	0.202	0.283	0.00	0.182	0.000
2011	0.973	0.013	0.001	0.241	0.022	0.001	0.342	0.491	0.365	0.042	0.000
2012	0.759	0.007	0.480	0.000	0.038	0.891	0.000	0.102	0.113	0.001	0.000
2013	0.996	0.043	0.592	0.911	0.052	0.643	0.942	0.288	0.104	0.836	0.024
2014	0.982	0.878	1.000	0.025	0.950	0.982	0.039	0.878	0.076	0.025	0.014

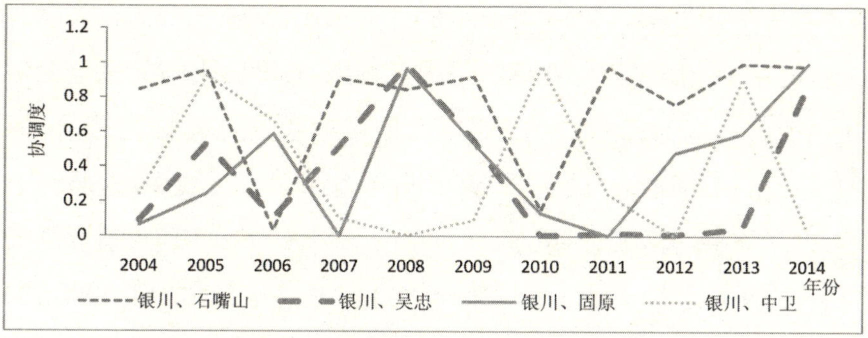

图 4-16　2004—2014 年宁夏保险业银川与其他市发展协调度变化趋势图

以上是 2004—2014 年十一年间银川市与每个市之间保险业的协调情况。首先，银川市与石嘴山市整体来看，十一年间协调度大部分值都在 0.8 到 1 之间，说明两市的保险业协调程度较高，这与两市的经济发展水平接近。其中 2006 年和 2010 年两市的协调度分别出现了两次较大的下降，这与两市的保费收入增长幅度不无关系，银川市的保费收入在 2006 年有较大的增长，相反石嘴山市的保费收入增长幅度却出现较大的下降，导致两市的协调程度出现较大变动；其次，银川市分别与吴忠市、固原市及中卫市的保险业协调程度较石嘴山市来看低很多，协调程度不高，主要原因还是地区之间经济发展存在较大差异。同时也可以得出，吴忠市、固原市和中卫市的保险业发展与银川市相比还相差较大，需进一步提高。

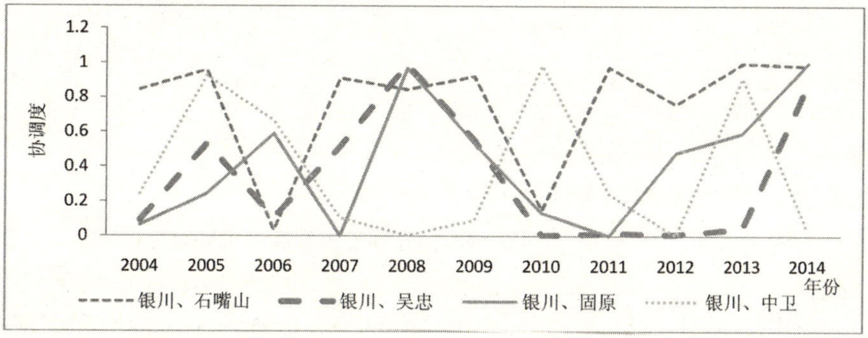

图 4-17　2004—2014 年宁夏保险业石嘴山市与其他市发展协调度变化趋势图

图 4-17 是 2004—2014 年十一年间石嘴山市分别与吴忠市、固原市、中卫市的保险业协调程度变化趋势图。首先，石嘴山市与吴忠市保险业的协调情况表现为，2009 年以前保险业协调程度有向好的趋势，但是 2009 年之后协调程度持续走低，到 2014 年又开始恢复协调，这与两市保费收入、保险密度及保险深度的急剧变化有关，石嘴山市的保费收入增长幅度在 2009 年之后开始减少，下降速度超过吴忠市，到 2014 年两市的保险业发展水平变化相当；石嘴山市与固原市在 2008 年之后保险业协调程度有所提高但不稳定，是因为固原市的保险深度变化较大，保险业在经济中所占的地位有所提高，其中 2011 年两市的协调程度下降是因为石嘴山市的保费收入增速由 2010 年的 0.24%增长到 2011 年的 10.25%，出现了较大的增长，导致两市保险业出现较大偏差；石嘴山市与中卫市的保险业协调度在 0.3 左右，可以看出，两市保险业的发展还存在较大差距。综合来看，石嘴山市与吴忠市、固原市、中卫市的协调程度都比较低，与区域产业结构有一定关系。石嘴山市主要以煤炭、化工等工业为主，发展力度较大，而另三个市主要以畜牧业、种植业为主，发展较为薄弱。

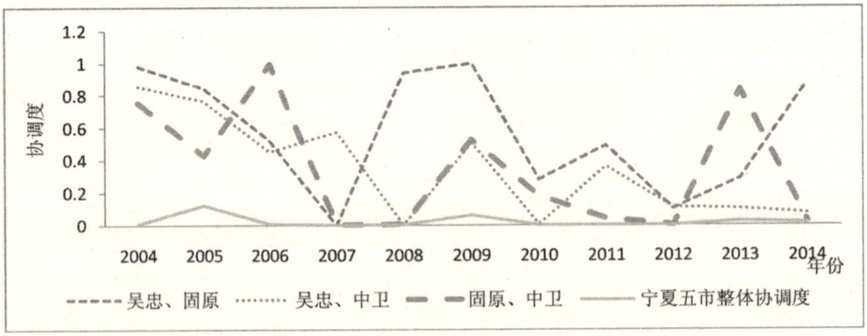

图 4-18　2004—2014 年宁夏保险业南部三市发展协调度变化趋势图

从图 4-18 中可以看出，宁夏南部地区三个市彼此之间协调程度变化很大，总体变动不稳定，除个别年份由于保费收入的急剧增长导致两市保险业的发展暂时相当外，大部分时间里三个市的保险业都呈现出不协调的情况。之所以出现较大波动首先与地区经济发展是分不开的，其次，与国家、地方政府在不同时期集中实施针对不同地区的经济政策以及行业政策有关。如集中加大对农业的扶持力度，建设社会主义新农村等，这就给以种植业为主的地区保险业带来了发展机遇。

综合来看，2004—2014 年间宁夏保险发展速度非常快，其中银川市保险业无论是在发展规模还是发展水平上都远远优于其他市，这与经济发展水平相一致，但是从各市区域间来看保险业发展协调度还非常低，区域保险发展极度不均衡，这与各市的经济发展水平不均衡有关。同时反映出，宁夏保险业在高速增长的过程中，并没有考虑到各市的协调发展问题，区域与区域之间的差距并没有缩小，这必将影响宁夏保险业的持续、健康、全面发展。因此，如何促进宁夏保险业区域间协调发展是一个亟待解决的问题。

第五章　宁夏保险业市场结构、行为与绩效研究

党的十八大明确提出，发展仍是解决我国所有问题的关键，坚持发展是硬道理的本质要求就是坚持科学发展。这是推动保险业在金融体系、社会保障体系、农业保障体系、防灾减灾体系、社会管理体系等关系全局的“五大体系”建设中发挥更大作用的指导思想。过去十多年，中国保险业实现了全面发展，成为了全球最重要的新兴保险大国，保险业在国内外金融保险市场的影响力和竞争力不断提高。

宁夏保险业多年来也一直保持较快的增长势头，保险市场已经发生了巨大的变化，保险主体日益增加，市场竞争逐步加剧。但是宁夏地处西部内陆，又是少数民族地区，在经济发展水平、产业结构和居民收入等方面与其他一些经济发展程度高的省区还有较大的差距。因此，针对宁夏保险市场结构、行为和绩效等方面进行分类调查研究，有助于增强人们对宁夏保险业发展的全面认识，以期在十八大确定的“继续实施区域发展总体战略，优先推进西部大开发”的决策部署下，进一步提高宁夏保险业的发展水平，发挥宁夏保险业风险保障和经济补偿的功能，促进区域经济社会协调发展提供支持理论。

一、宁夏财产保险业市场结构、行为与绩效研究

(一)宁夏财产保险业发展水平评价

1. 保险业体量逐年增大,增长速度趋于下降,与宁夏经济发展态势吻合

关于宁夏保险业发展大多是从1980年恢复商业保险开始算起的。恢复之初,宁夏全部保险业年保费收入仅仅50万元,风险保障和经济补偿能力十分有限。当然由于发展水平低,后发优势也比较明显。2000年以前,宁夏保险业经历了从无到有,从小到大的发展过程,保费收入以年均接近40%的速度快速增长。人身保险业务在1997年首次超过财产险业务后,引领宁夏保险业快速发展。进入21世纪以来,宁夏保险业取得了健康良好的发展。文中表5-1和图5-1反映了具体发展指标和变化态势。到2013年底,宁夏保险业的总保费收入达到了72.7亿元,承保的保险金额为21358亿元,保险业总资产达到了180.44亿元,保险业体量进一步增大,有了质的变化。但是受经济增长放缓影响,宁夏保险业发展也逐渐步入较低增长的新常态。

2. 财产保险业发展为经济社会保驾护航,充分发挥了经济补偿功能

保险业的发展有其一般规律,宁夏保险业的发展也不例外。20世纪90年代以前宁夏财产保险在宁夏保险业中居于绝对的支配地位。20世纪90年代以后,如果单从保费收入这一指标来看,人身保险业的发展速度相对要更快一些。但是随着宁夏经济社会的不断全面发展,宁夏财产保险业的发展也上升到了一个新高度,充分发挥了现代保险经济补偿、资金融通和社会管理的功能。2012年,宁夏财产保险业务保费收入26.48亿元,同比增长20.94%。从保费收入情况来看,保险结构趋向合理变化,与经济发展密切相关的一些险种保费收入实现了较大幅度的提升。

企业财产保险增长了12.19%；建筑和安装工程保险增长了108.7%；家庭财产保险增长了19.57%；机动车辆保险增长了16.93%；货物运输保险增长了25.81%；农业保险增长了1.33%，进一步发挥了支持和服务地方经济的作用。2005年到2012年，宁夏财产保险业共支付保险赔款50多亿元，有力地促进了灾后生产生活的重建，很好地发挥了保险的"社会稳定器"的作用。

3. 财产保险市场竞争加强，效率进一步提高

市场经济中竞争是提高效率的最有效途径。宁夏财产保险市场效率的提高是与财产保险公司数量增加高度相关的。1992年平安保险公司进入宁夏之前，宁夏财产保险市场上只有中国人民保险公司一家保险主体。2002年太平洋保险公司在宁夏正式开业，形成了人保、平安、太保三家公司共占宁夏财险市场的格局。此后大地产险、安邦产险、阳光产险等公司陆续入驻宁夏，目前宁夏共有财产保险主体6家，分支机构173家。宁夏财产保险基本上形成了垄断中有竞争的市场格局，这种格局极大地提高了市场效率，有力地促进了宁夏保险业的发展。各家公司在相互竞争中共同发展，市场蛋糕越做越大。2012年全国财产保险密度为393元，财产保险深度为1.03%。同一时期宁夏财产保险密度为409元，保险深度为1.14%，高于全国平均水平，这意味着宁夏财产保险业发展上了一个新台阶。当然，囿于小省区的经济体量，宁夏产险从总量上来看，和全国其他发达地区相比差距很大，但是平均量的差距并不大，还略高于全国的平均水平。

表 5-1　2005—2012 年宁夏保险业发展基本状况数据表

（单位：亿元）

类别 / 年度	2005	2006	2007	2008	2009	2010	2011	2012
总保费收入	15.74	19.24	23.98	31.79	39.28	48.33	55.35	62.69
财产险保费收入	4.58	5.63	7.63	9.48	11.84	17.50	21.90	26.48
人身险保费收入	11.16	13.62	16.35	22.31	27.44	30.83	33.45	36.20
保险金额	2034	3772	5044	6232	8625	10796	9836	11335
保险企业总资产	34	42	50	65	82	106	128	153
保险赔款	3.87	4.53	6.9	8.52	9.65	11.68	14.75	19.99
保险深度（%）	2.62	2.72	2.87	2.89	2.94	2.94	2.69	2.69
保险密度（元）	263.99	320.07	392.91	514.69	628.25	764.67	865.60	968.62
财产险保险深度（%）	0.76	0.80	0.19	0.86	0.89	1.06	1.06	1.14
人身险保险深度（%）	1.86	1.92	1.69	2.03	2.06	1.88	1.62	1.56
财产险保险密度（元）	76.88	93.72	125.03	153.51	189.40	276.93	342.45	409.22
人身险保险密度（元）	187.11	226.35	267.87	361.17	438.84	487.74	523.15	559.40

资料来源：根据 2006—2013 年《中国统计年鉴》《中国保险年鉴》、中国保险监督管理委员会网站，经过整理计算后所得。

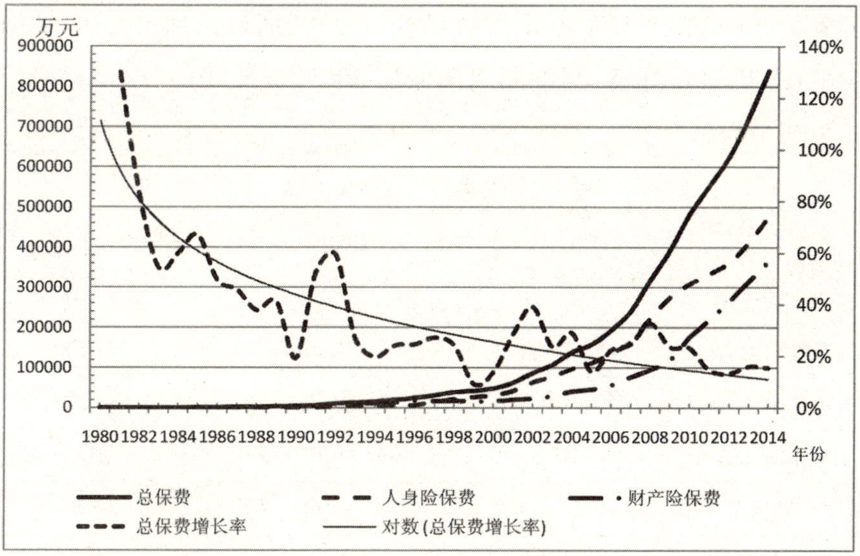

图 5-1　1980—2014 年宁夏保险业保费收入及增长态势

(二)宁夏财产保险业市场结构分析

1. 市场依然是以寡头为主要特征,但竞争的力量在加强

市场集中度是集中体现市场竞争与垄断程度,主要衡量的是该产业市场当中的企业数目多少、相对规模大小等市场势力的数量化的指标。市场集中度是考量市场结构时的最基本、最重要的因素。行业集中度指数(CR_n)、赫芬达尔—赫希曼指数(HHI)是在描述市场集中度时最常用的指标,它以测算的简便性和测算结果的准确性被广泛应用。行业集中度指数一般用该行业中前几位企业的生产额、销售额或者资产总量等占整个市场的百分比来表达。具体的计算公式为:$CR_n=\sum_{i=1}^{n}X_i/\sum_{t=1}^{N}X_i=\sum_{i=1}^{n}S_i$。公式中 CR_n指某 X 产业中最大规模的 n 个企业在该市场中的集中程度。N 表示该产业全部企业的数量。X_i表示该产业中从大到小排名第 i 个企业的产量或产值等。$\sum_{i=1}^{n}X_i$表示前 n 个企业的产量或产值的总和。书中市场类型的划分依照美国著名经济学家贝恩的划分标准,具体内容详见表 5-2。书中 X_i的具体数值选取宁夏财产保险业保费收入作为计算依据。由于宁夏财产保险市场供给主体数量相对较少,所以选取市场中的前四个企业对 CR_n进行计算,测度期间选取从 2005 年到 2013 年。具体计算在表 5-3 中列出。

表 5-2 贝恩的市场结构分类

市场结构 \ 绝对集中度	CR_4(%)	CR_8(%)	企业总数
极高寡占Ⅰ型	$CR_4 \geq 75$	—	1~40
高级寡占Ⅱ型	$65 \leq CR_4 < 75$	$CR_8 \geq 85$	20~100
中上集中寡占Ⅲ型	$50 \leq CR_4 < 65$	$75 \leq CR_8 < 85$	较多
中下集中寡占Ⅳ型	$35 \leq CR_4 < 50$	$45 \leq CR_8 < 75$	较多
低集中寡占Ⅴ型	$30 \leq CR_4 < 35$	$40 \leq CR_8 < 45$	较多
竞争Ⅵ型	$CR_4 < 30$	$CR_8 < 30$	极多

赫芬达尔—赫希曼指数(HHI)是将某一产业在市场上所有企业的市场份额先进行平方后再全部相加后得到总和。具体的计算公式可以表示为：$HHI=\sum_{i=1}^{N}\left(\frac{X_i}{T}\right)^2=\sum_{i=1}^{N}S_i^{\ 2}$。公式中$\frac{X_i}{T}$是指第 i 个企业在市场中所拥有的份额，该行业中企业的总数为 N。赫芬达尔—赫希曼指数能够更为准确的反映市场的垄断和分化程度，对于企业在市场中的分布也相对较为敏感。它的另外一个优点就是在实际测算时常常可以不受企业数量以及规模等要求的影响，并且还能够比较好的测量行业市场集中度的变化。准确地讲，HHI 值是大于 0 小于 1 的数，但是在计算时为了直观，常常将这一值数乘以 10000 进行放大，这样得到的 HHI 值就是介于 0 和 10000 之间的一个数。本书测算的 2005 年到 2012 年期间，宁夏财产保险市场的 HHI 具体数值详见表 5-3。

表 5-3　2005—2013 年宁夏财产保险市场集中度

年份＼绝对集中度	CR_4(%)	HHI
2005	100	6860
2006	97.52	5679
2007	97.52	5468
2008	94.77	4418
2009	95.74	4381
2010	97.55	4508
2011	97.82	4287
2012	96.86	4241
2013	96.52	4365

资料来源：根据 2006—2013 年《中国保险年鉴》、中国保险监督管理委员会网站，经过整理计算后所得。

2005年以前，宁夏财产保险市场上只有人保财险、平安产险和太平洋产险三家财产保险公司，因此这一阶段宁夏财险的 CR_4 值表现为1。从2006年开始，伴随着安邦产险、大地产险、阳光产险等财产保险公司先后进入，宁夏财产保险的市场集中度开始逐渐下降。在此期间尽管从 CR_4 的值来看有所波动和起伏，但是总体上来讲，依然呈现的是下降的趋势。2005年 CR_4 值为100，2008年下降为94.77，之后又有所回升，至2012年这一数值变为了96.86。在同一时期，我国财产保险市场的这一数值是在85到70之间，北美和欧洲等保险业发达国家 CR_4 值是在40到20之间。很明显，中国财产保险业落后于发达国家，宁夏财产保险业又落后于中国平均水平。这一落后的状况在 CR_4 指标值中也得到了显现，按照贝恩的划分标准来看，宁夏财产保险业属于垄断程度极高的寡占Ⅰ型市场结构。另外从HHI指数的变化情况来看，该指数值从2005年的6860一直比较稳定地下降到了2012年的4241。尽管在2010年有过上升，但幅度很小，没有改变HHI指数持续下降的态势。结合宁夏财产保险业界的动态发展情况来看，2005年到2008年，由于上述三家新保险主体的进入和市场中小公司的成长，导致市场竞争有一定的加强，CR_4 指数有了比较大幅度的下降。这一情况引起了大公司的警觉，它们采取了一些有效的手段，重新收回了一部分市场份额，2008年到2011年 CR_4 又有较大的上升，2012年又有所下降。所以综合这些情况来看，宁夏财产保险市场尽管有竞争，有时候市场的波动还比较大，但大公司的市场控制力仍然非常强大，行业的垄断程度依然很高。

2. 险种结构单一，产品客观差异度低

经济发展和保险发展之间相互影响。经济发展对财产保险发展具有良好的促进作用，财产保险反过来又给经济发展提供必要的风险保障。得益于多年来宁夏经济的持续高速发展，宁夏财产保险业也得到了快速发展，宁夏财产保险业给宁夏的经济建设和社会发展提供了巨大的保障。但是当我们回顾这些成绩的同时还需要客观审视存在的问题。产品的差异化程度低便是其中的一个重要问题。这在财产保险市场中集中体现为机动车辆保险"一险独大"，保险险种结构十分单一，从保费收入指标来看，要占整个财产保险市场的80%，并依然有缓慢上升的趋势。各家财产保险公司险种的同构率也非常高，每一个险种的条款和责任也基本上大同小异。这些险种相互对比起来缺乏各自的亮点和特色，从而导致了竞争的差异度减少。由于各家产品的同质性比较强，所以在市场上的竞争常常体现在价格竞争上，既有显性的价格竞争，也有隐形的价格竞争，竞争的外在表现形式却各有不同。而且保险企业人才缺乏和创新能力不足造成了财产保险险种更新率低，有一些产品多年来不受市场欢迎，但分公司也不具备修改和更新的能力。保险产品的同质化使得客观差异程度较低，保险差异化主要体现在主观差异和服务上。由于保险产品属于事后消费的特殊商品，一些保险公司在保险事故发生前后的服务态度和处理方式截然不同，使得消费者的心理落差太大，因此对保险企业的评价也大不相同，长此以往便产生了不同的市场认同感和口碑差异。

另外，从保险消费者来看，由于市场经济的合同意识淡薄和保险专业知识的不足，对保险产品的比较和识别力较弱，一定程度上形成了产品的主观差异。比如机动车辆保险，不同公司采用的条款类型不同，有些保险业务员在投保时服务不周到，讲解不清楚，加上投保人在投保前也没有详细阅读条款，仅凭借保险业务员的口头讲解或形形色色的"相互信任"而仓促签约，当事故发生后保险公司依照合同中"白纸黑字"载明的条款履行理赔义务时又常常容易引发争议和误会。日积月累，口口相传，这些争议和误会的产生都会对后来的消费者决策产生一定的影响。

3. 保险市场进入壁垒有所降低，有了一定程度的退出机制

保险业是经营风险的特殊行业，其承保的巨大风险责任会对社会产生重大影响，所以各国政府对于保险业的市场准入门槛都比较高。宁夏经济总量小，经济发展水平低，市场经济意识不强等因素都在一定程度上对财产保险企业进入宁夏保险市场产生了消极影响，当然也制约了宁夏财产保险业的发展。

2013年，中国保险监督管理委员会出台了《保险公司分支机构市场准入管理办法》（以下简称《办法》），《办法》规定了保险公司在各个省（市、区）设立分支机构的具体条件和程序等内容。从规定的内容来看，其实是适当放宽了开业验收的标准，同时在一定程度上强化了市场准入标准，比如在发展规划、偿付能力、风险控制、合规管理以及对分支机构的管控能力等方面都有了更高的要求。特别是在偿付能力上要求保险公司设立省级分公司时满足“充足Ⅱ类”，设立省级分公司以外分支机构时满足“充足Ⅰ类”。在审批流程方面给予各地保监局更多权力，中资保险公司省级分公司以外类型分支机构的改建，省级分公司以及以下分支机构高管任职资格标准申请都划归各地保监局受理审批。因此在宁保险企业在上述具体业务环节上，宁夏保监局的态度也将至关重要。这些社会经济和法律制度方面的因素都成为宁夏财产保险业市场进入的主要壁垒。

市场经济要让市场这只“看不见的手”发挥决定性的作用，同时政府也要用好另外一只“看得见的手”有效地引导厂商进入和退出市场，实现效率和公平兼顾。政府通过制定有效的保险企业市场退出机制，逐步掌握引导和调节市场结构、区域结构、人才结构等方面的主动，激发市场活力，促进公平竞争，但是鉴于保险业的特殊性，中国对保险企业的退出一直遵循了谨慎原则。近年来，宁夏地方政府和保险监管局针对宁夏财产保险市场实际发展状况，制定了辖区内保险企业合规监管的相关办法，设

计了一系列指标，对保险企业采取了有针对性地监管措施，关闭、整改和整顿了部分保险企业的设置机构，使财产保险业布局得到了一定的调整，保险市场秩序得到了规范。可以说这实际是在某种程度上建立了保险市场退出机制，降低了保险机构退出市场的社会壁垒。

（三）宁夏财产保险业市场竞争行为分析

1. 恶性的价格竞争给财产保险业带来了潜在的风险

我国政府对于保险行业采取的是市场行为和偿付能力监管并重的严式的监管模式。在这种模式下，保险企业的保险产品费率受到政府的直接管制，保险公司对很多险种的费率没有足够自由的定价权。因此保险公司没有办法公开透明地利用保险产品价格进行有效的市场竞争。但是在市场经济不断完善的大背景下，保险业市场化的脚步却未因此停滞，只是各个地区的竞争陷入了恶性竞争。以机动车辆保险为代表，很多公司采取暗中回扣的方式返还保险费，有的公司返还率甚至超过了10%。但是由于保险合同专业性强，条款内容复杂难懂，消费者对此认知有限，在购买保险时只关心价格而不关心是否适合自己。这样最终给保险企业带来了经营风险，也带来了保险行业风险。

2. 保险企业能够结合自身优势为消费者提供各具特色的服务

在过去的十年间，宁夏财产保险市场供给主体由3家增加到了6家。市场供给主体的增加不仅导致了价格竞争增强而且也带来了非价格竞争日渐加剧。为了提高企业的影响力，加强市场竞争力，扩大市场占有份额，各财险公司都想方设法以吸引消费者的关注。有些公司就新产品召开了发布解读会，有些公司设计了新颖的宣传广告，还有些公司举办了各种喜闻乐见的文艺活动，尤其是各保险公司开展的各种公益活动，赢得了各地区不同阶层消费者的认可。在宣传中注重广告和公益活动相结合，全方位、多渠道加大宣传力度，使新产品尽快投入市场，尽快让最大多数的消费者所认知。在销售方式上，利用各自资源，各种方式营销，分别获得了不同的市场份额。当然也由于宁夏地处内陆，区域面积和经济总量都很小，地区发展水平也不平衡，各家财产保险公司小型化、区域化和分散化的特点还十分明显，导致公司经营行为中的规模经济效益不如其他省份显著。

（四）宁夏财产保险业业务效率分析

一个产业的业务效率是整个产业市场运行的实际效果的体现。保险业的业务效率体现在保险行业的经营管理、利润指标、市场拓展和承保能力等方面。

1. 财产保险企业经营管理水平不断提高

1995 年颁布的《中华人民共和国保险法》要求财产保险公司与人寿保险公司必须分业经营。1996 年，中国人民保险公司率先实行分业经营。2001 年，太平洋保险公司完成产、寿险分业经营体制改革。2002 年至 2009 年中国人民保险公司启动并完成了股份制改造。2010 年中国平安保险公司分别完成了股份制改造和产险与寿险分业经营。至此，我国保险分业经营体制基本确立。国家的改革措施为保险企业转型提供了制度保障，宁夏地方政府也出台了相应的配套政策，促进了宁夏财产保险业发展由粗放型向集约型的转变，宁夏保险业显示出比较良好的发展势头和较高的经营水平。近年来，宁夏各保险分公司的多项业务以及财务经营指标均在各保险总公司系统内排名前列。2006 年，宁夏保险业实现利润 1.03 亿元，保费利润率约 5.35%，在全国名列第 2 名。2009 年，宁夏 5 家财产保险公司全部实现盈利，承保利润率达到 5.82%；2010 年，宁夏财产保险公司实现利润 7.32 亿元，同比增长 24.61%，利润率达到了 3.99%。到 2012 年，宁夏财产保险业在综合成本率、综合赔付率、综合费用率等指标均低于全国平均水平。宁夏财产保险公司的经营管理能力在不断地提高。

2. 财产保险企业市场拓展和承保能力不断增强

保费收入的增加体现了财产保险企业的市场拓展能力。保险企业利润的主要来源是保险保费收入。2003 年宁夏财产保险保费收入 3.03 亿元，当年保费增长率 29.94%；2013 年财产险保费收入 31.4 亿元，保费增长率约 18.58%。在过去十多年中，宁夏财产保险业增长了十倍，有些年份的保费增长率甚至接近 50%，即便是在最低的年份中也超过了 10%。承保的保险金额也由 2005 年的 2034 亿元提高到了 2013 年的 21358 亿元。宁夏财产保险业的承保能力和保障范围在大幅提高，财产保险业务总体效率明显，充分发挥着保险的风险保障和服务社会经济的作用。

（五）结论和建议

1. 以垄断为主要特征的宁夏财产保险业将会在未来一段时期内继续持续

宁夏财产保险业到目前为止基本上还是属于高度垄断型的市场结构，保险市场产品结构失衡，保险业的效率也有待提高。但是从发展趋势上来看，市场集中度正在缓慢地下降，发展趋势尚属良好。为优化宁夏财产保险产业组织和市场结构，今后应当有计划的积极的引进财产险保险机构进入宁夏，以降低市场垄断程度，培育新的竞争力量。引进保险机构时应当特别注意引进有实力、有特点的专业保险公司，比如农业保险公司、汽车保险公司等。随着宁夏财产保险市场主体的增多，市场结构会越来越好的得到改善。

2. 放松市场行为监管和费率市场化将会给宁夏财产保险产业组织带来新活力

宁夏财产保险供给主体间的竞争仍然停留在以价格竞争为主的初级阶段。价格竞争以隐形价格竞争为主要手段，非价格竞争手段有了一定的差异性。造成这一结果的主要原因在于保险监管机构在实际监管过程中过于强调市场行为监管。今后应当适当放松市场行为监管，强化市场经济观念，侧重偿付能力监管。相信随着市场竞争的加强和费率市场化的推进，保险企业的市场行为差异会越来越明显，会给消费者带来更加适合个性化消费的产品。

3. 宁夏经济发展的可持续程度将会成为影响宁夏财产保险产业组织发展和优化的决定性因素

影响财产保险业发展的因素很多，其中最主要的因素就是区域经济发展程度。宁夏财产保险业在近些年来的发展速度不可谓不快，但受到经济总量较小的客观因素制约，大数法则和规模经济效应不能够充分发挥，所以总体来讲宁夏财产保险业发展程度依然不够高。但是如果按照宁夏目前的经济发展态势来看，前景还是值得期待。同时伴随着保险公司经营自主性的提高和外资保险逐步进入宁夏，宁夏财产保险企业一定会积极创新，改善服务，加快开发和升级适应市场变化和消费者需求的保险产品，市场绩效还会提高，从而实现宁夏财产保险产业组织的进一步优化发展。

二、宁夏人身保险业市场结构、行为与绩效研究

（一）宁夏人身保险业发展现状

1. 人身保险业务平稳缓和发展

20 世纪 90 年代保险业分业经营以来，宁夏人身保险业一直保持着比较良好的发展态势，是宁夏发展最快的产业之一。人身险保费收入始终占据着宁夏保险业保费收入的重要地位。2009 年以前，人身险保费收入约占保费总收入的 70%。2010 年以后，人身险保费逐渐下降到了总保费收入的 60%以内。2013 年宁夏实现人身险保费收入 41.31 亿元，占总

保费收入的57%。受财产保险中固定投资和机动车辆迅猛增加等因素的影响,人身保险保费占比有所下降,但人身保险市场仍然呈现出稳中有进的发展态势。

2. 人身保险市场主体进一步多元化

2003年宁夏只有中国人寿和中国平安两家寿险公司。此后,寿险市场主体逐步增加。到2013年,宁夏共有人寿保险主体11家,分支机构194家,专业保险代理机构8家,兼业代理机构1345家。2000年以前中国人寿1家公司在宁夏人身险市场上的份额就占到了80%以上,到2012年其份额下降到了33%。过去中国人寿一家独大的经营格局已渐渐被打破,形成了由中国人寿、中国平安、新华保险三家公司相对垄断,并与其他公司相互竞争的市场格局。供给主体多元化给市场带来了竞争,提高了绩效,使得宁夏人身保险业不断发展。尽管如此,宁夏人身保险业和全国平均水平相比依然有比较大的差距。以2012年为参考,2012年全国共有寿险公司68家,人身保险密度为750元,人身保险深度为1.96%。2012年宁夏共有寿险公司11家,人身保险密度为559元,人身保险深度为1.56%。

3. 人身保险业充分发挥了现代保险功能

伴随着宁夏区域经济的发展,居民收入不断提高,宁夏人身保险业取得了稳步发展,现代保险经济补偿、资金融通和社会管理的功能得到了进一步的发挥。2005年宁夏人身险赔款和给付1.63亿元。2006年人身险公司赔款和给付1.77亿元,积累寿险责任准备金和长期健康险责任准备金39亿元,远远高于同期宁夏社会保险保障基金总额,寿险产品保障程度明显提高,宁夏商业保险人身保障程度人均2.19万元。到2010年底,宁夏保险业积累了养老和健康风险准备金100.2亿元,提供人身风险保障保险金额5111.40亿元。2012年,各类人身险赔款和给付支出6.87亿元,宁夏商业人身保险正逐步成为服务和保障民生的重要手段。保险为社会经济保驾护航的作用得到进一步发挥，为有效缓解经济摩擦、支持社会保障体系建设，辅助社会管理发挥了积极作用。

（二）宁夏人身保险业市场结构分析

1. 市场集中度分析

宁夏人身保险业的市场结构分析方法如前所述，仍然采用 CR_4 和 HHI 指标来衡量。这里仍然选用宁夏人身保险原保险保费收入作为 X_i 的具体数据，由于宁夏保险市场人身保险主体也不够多，所以 CR_n 中的 n 在这里依旧选取 4 这一个值，测度年份从 2005 年到 2012 年。具体的 CR_4 值和 HHI 值测算结果见表 5-4。

表 5-4　2005—2012 年人身保险市场 CR_n 和 HHI 指数值

年份	2005	2006	2007	2008	2009	2010	2011	2012
CR_4(%)	99.35	99.31	96.71	95.53	93.75	89.92	88.30	86.32
CR_6(%)	100	99.93	98.68	98.28	97.16	94.19	93.37	90.06
HHI	4318	4102	3396	3214	2947	2633	2422	2312

资料来源：根据 2006—2013 年《中国保险年鉴》、中国保险监督管理委员会网站，经过整理计算后所得。

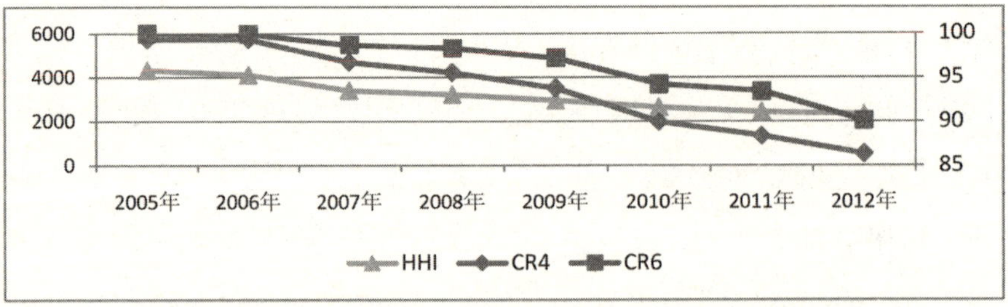

图 5-2　2005—2012 年宁夏人身保险市场 CR_n 和 HHI 指数值变化趋势图

从表 5-4 和图 5-2 可以看出，宁夏人身保险市场集中度非常高，垄断性很强。2005 年以前宁夏人身保险市场上只有中国人寿、平安人寿和新华人寿 3 家专营人身保险的公司，其他 3 家财产保险公司只允许经营少量的短期健康险和意外伤害险，所以 CR_4 值表现为 99.35%。此后，随着中国人寿重组改制①，平安养老、合众人寿、太保人寿、人保寿险、泰康人寿、中邮人寿等公司陆续进入宁夏，宁夏人身保险市场竞争主体日趋增多，市场集中度开始下降，但是仍然比较高。过去八年间，宁夏人身保险市场 CR_4 的值由 99%下降到了 86%。同一时期我国人身保险市场的 CR_4 值在 80%-65%之间，更不要说同欧美保险业发达国家 20%-40%的 CR_4 值相比了。按照贝恩的市场结构分类指标来看，宁夏人身保险业属于寡占Ⅰ型，是极高寡占型市场结构。从 HHI 指数值来看，它更加明显地反映了宁夏人身保险企业规模分布集中度和变化趋势。2005 年宁夏人身保险市场 HHI 指数为 4318，此后一直比较稳定地下降，2012 年下降到了 2312。依照美国司法部的标准，HHI 大于等于 3000 属于高寡占Ⅰ型；小于 3000 且大于等于 1800 属于高寡占Ⅱ型市场结构。过去十年间，宁夏人身保险市场结构由高寡占Ⅰ型转化为高寡占Ⅱ型。这与 CR_4 的测量结论基本相同。两种指标都说明了宁夏人身保险市场的集中度高，垄断程度强，属于寡头垄断市场。但是从动态趋势来看，市场竞争的力量正在加强，寡头垄断的格局正逐渐被打破。

2. 产品差异化分析

尽管宁夏人身保险业取得了很快的发展，但是各个保险公司产品客观差异程度依然比较低。险种结构单一，各家公司险种同构率非常高，各家险种的条款和责任也基本大同小异，缺乏差异度竞争。寿险业务占比过高，健康险和意外险业务占比较低；在寿险业务中个人险业务占比又相对较高。保险产品从数量上看不能算少，但是受市场欢迎的产品数量并不

①2003 年，经国务院、中国保监会批准，原中国人寿保险公司进行重组改制，变更为中国人寿保险（集团）公司，下设中国人寿保险股份有限公司、中国人寿资产管理有限公司、中国人寿财产保险股份有限公司、中国人寿养老保险股份有限公司等多家公司和机构。2006 年在宁夏保险市场上的中国人寿保险（集团）公司和中国人寿保险股份有限公司业务开始分开统计，成为两个独立的保险主体。

多,有些产品多年来不受市场欢迎但也没有及时修订。其实省级分公司与市场和客户更加贴近,更加了解市场需求,但由于体制、风险控制等原因,省级保险分公司主要负责本地区的业务发展和管理,基本上不具有新险种开发的职能。人寿保险、健康保险、1 年期及 1 年期以上的意外伤害保险等重要险种通常都是由总公司负责开发和修订,省级分公司不能擅自变更。这些分公司很难而且也没有能力针对区域特点对产品进行创新。

由于保险产品的客观差异度很低,这样一来保险差异化主要体现在主观差异和服务上。在宁夏人身险市场上,各家公司在广告和宣传上强调了各自的优势和特色。中国人寿强调其历史悠久和国有身份,“相知多年,值得托付”。中国平安多在繁华市区打出高大醒目,绚丽多彩的广告。新华人寿则通过积极举办各种街区、广场的文艺和公益宣传活动让消费者了解其品牌和产品。在服务方面,由于保险产品消费特殊,一些保险业务员在投保时服务不周到,讲解不清楚,甚至是误导投保方,加上很多消费者市场经济的合同意识淡薄和保险专业知识的不足,对保险产品的比较和识别力弱,在投保时没有仔细了解和阅读条款,仓促签约承保,当保险事故发生后容易引发争议和误会。一些保险公司在出险前后的处理方式和服务不同,使得消费者对保险企业的认同感不同,由此而产生的市场口碑也大不相同。

3. 市场壁垒分析

保险行业的特殊性使得政府对于该行业市场进入的门槛都相对较高。宁夏经济发展水平低,经济总量小,特别是居民收入不高等诸多因素制约着宁夏人身保险业的发展。中国保监会 2013 年制定并实施了《保险公司分支机构市场准入管理办法》,明确了保险公司设立分支机构进入区域市场的条件及程序等相关内容。这在一定程度上强化了准入条件,但放宽了开业验收标准。“保险公司注册资本为两亿元的,在其住所地以外每申请设立一家省级分公司，应当增加不少于两千万元的注册资本。注册资本在五亿元以上的，可不再增加。”对于设立省级分公司还要求“上一年度及提交申请前连续两个季度偿付能力均达到充足Ⅱ类”以及“上一年度及提交申请前连续两个季度分类监管类别均不低于B类”，同时还强调分支机构的设立要考虑“地方经济社会发展状况、市场环境、竞争程度等因素”。不仅如此，在具体的审批等操作环节上，保险监管部门的态度也起到至关重要的作用。这些经济、法律和社会因素成为宁夏人身保险市场主体进入的主要壁垒。2012年宁夏人身保险公司累计新设机构14家，其中省级分公司1家，中心支公司4家，支公司9家。生命人寿进驻，泰康人寿设立省级分公司并在周边市（县）开展业务，平安人寿和新华人寿两年后再次新设机构。宁夏在公司机构设置上更多关注了市场必要性。

市场经济要让市场对资源配置起决定性作用，厂商在市场上优进劣退，除旧纳新是天经地义的事情。通过对保险市场退出有效的引导，政府也能够逐步掌握调整市场结构、区域结构、业务结构、人才结构等方面的主动，有效防止结构调整反弹。但是由于保险业的特殊性，我国对于保险企业的退出一直遵循的是谨慎原则。近年来，宁夏按照人身保险市场发展状态引导各保险机构根据经营管理情况和自身管控能力，合理调整保险布局，规范保险市场秩序。制定了《宁夏保险公司合规监管量化考核办法》，设计了4大类15项指标，分类并采取有针对性的监管措施，在规范保险市场行为的同时也建立了保险市场退出机制，降低了保险机构退出的社会壁垒。

（三）宁夏人身保险业市场行为分析

1. 价格竞争行为分析

由于政府选取偿付能力和市场行为监管并重的监管模式，保险监管机构对保险公司实行费率管制。保险公司因此一直缺乏足够的自主权，难以自由地利用保费——保险产品的价格进行市场竞争。但是价格竞争难以避免，于是各个地区就出现了隐性的价格竞争。有些公司采取暗中回扣的方式返还保险费，更多的公司采取了节日慰问、家庭关爱、赠送礼品等方式变相降价。加上保险专业性强，条款难懂，消费者对保险认识也有限，在购买保险时对保险产品本身关注不够，仓促签约，为日后退保埋下了隐患。这样的行为最终会给保险业带来巨大风险。

2. 非价格竞争行为分析

从 2003 年到 2013 年，宁夏人身保险市场省级分公司由 3 家增加到了 11 家，分支机构增加到了 194 家。市场主体的增加使得非价格竞争也日益剧烈。各个公司为了扩大公司影响力，提高企业竞争力，纷纷在服务宣传、广告行为、社会公益和文艺活动方面加大了力度，以此来吸引消费者。特别是各家公司举办了各种各样的公益活动，赢得了不同区域，不同群体的消费者的认可。在营销手段上，各家保险公司开始把广告和公益活动结合起来，加大宣传力度，使新产品尽快投入市场。在销售渠道上，利用各自资源，各种方式营销，分别获得了不同的市场份额。比如，太平洋寿险探索精英销售团队模式；中国人寿紧抓借款人意外险和学平险等团险业务；平安人寿将万能险做成特色产品，以灵活度占领市场；生命人寿开创银邮渠道代理万能险业务等。但是由于宁夏经济总量小，发展水平低，一些公司的小型化、区域化和分散化的特点比较明显，规模经济效益尚不显著。

（四）宁夏人身保险业市场绩效分析

1. 经营情况分析

“十五”期间，中国人寿完成了股份制改造，平安保险实施了产寿险分设经营。此后国家各项重大改革措施陆续出台有力地促进了宁夏人身保险业发展由粗放型向集约型转变，各保险分公司的多项业务和财务经营指标均在各总公司系统内排名前列，显示出良好的发展势头和较高的经营水平。2005年，宁夏寿险公司在面临较大经营压力的情况下，及时调整业务结构，减少趸交业务比重，银行保险业务开始销售期缴产品，产品结构有所改善。2009年，宁夏人寿保险公司建立了月度业务发展和结构调整动态报告制度，加大发展风险保障型和长期储蓄型产品的力度。2009年人身险续期保费占比在全国排名第一，高于全国平均水平19个百分点；5年期以上期缴业务标准保费同比增长32个百分点；银邮代理人身险业务同比增长43%。人身保险公司标准保费增长率达到21%，增速位于全国第五；代理保费收入同比增长37%，专业中介机构扭亏为盈，实现利润181万元。2010年，人身险公司承保费用率18.34，同比下降0.77个百分点；简单退保率4.66%，较全国平均水平低1.65个百分点；人身险新单业务中期缴保费占比52.26%，较上年提高了2.95个百分点。到2012年宁夏人身保险退保率等指标低于全国平均水平，整个全年也未发生大规模群体性退保事件。宁夏人身保险业在不断地调整中提高了风险控制和经营能力。

2. 承保能力分析

保费收入是保险企业利润的主要来源。保费收入的增长反映保险企业的市场拓展能力。2005年宁夏人身险保费收入首次突破10亿元，实现了11.16亿元的保费收入；2008年突破20亿，实现人身险保费收入22.31亿元；2010年突破30亿，实现人身险保费收入30.83亿元；2013年突破40亿元实现人身险保费收入41.31亿元。在过去十年中，宁夏人身保险业保费收入以平均约18%的速度增长，有些年份甚至达到36%，增长最低的年份也超过了8%。这样的增长态势在西部省份中的表现也是比较突出的。从人身保险业提供的保险金额来看，2008年为2458亿元，到2010年就提高到了5111亿元，大大增强了宁夏全社会抵御风险的能力。宁夏人身保险业的承保能力和保障范围在大幅提高，人身保险业务总体绩效明显。

（五）结论和建议

1. 市场结构方面

基于前面的分析，我们可以得出结论，宁夏人身保险业依然是高寡占型市场结构，保险主体间的竞争基本处在初级阶段，但从市场格局演变的趋势来看，市场集中度在逐步降低，并向低寡占型市场结构转变，产业效率也有较大的提高空间，发展态势比较良好。从普遍接受的经济学理论和国际成功经验看，低寡占型即垄断竞争型的保险市场才是最有效率的。因此应当继续引进人身保险机构进入宁夏，以培育竞争力量，改变我国西部高度垄断的人身保险市场结构。需要强调的是在引进保险主体时，可以适当发挥政府有效干预的作用，注意引进养老保险、健康保险等有特色的专业保险公司。

2. 市场竞争方面

人身保险企业市场行为中价格竞争比较单一，以隐形价格竞争为主要手段，非价格竞争各有特点，但大多属于广告宣传的范畴，产品的核心差异度较小。造成这一结果的重要原因就是寿险费率严格管制制度。今后要加快推进寿险费率市场化改革，进一步放开对人身保险产品定价预定利率的限制，给保险企业以产品定价的自由权。监管部门要将监管重心转移到对保险公司偿付能力的监管上，真正做到让市场对资源配置起决定性作用。

3. 市场绩效方面

宁夏人身保险业总体绩效高于全国平均水平，在西部省区表现比较突出。由于宁夏是内陆小省区，保险总量小，尽管近年来提高很快，但是总体来讲依然不高,大数法则和规模经济效应不能够充分发挥。但是如果按照目前经济社会发展的良好态势来看,宁夏人身保险业前景值得期待。对于保险企业,在未来几年应当继续提高保障功能较强的意外险、健康险的比重,着力发展与养老有关的保障型产品。伴随着保险公司经营自主性的提高和外资保险的逐步进入,人身保险业的市场绩效将还会提高。

第六章　宁夏保险业发展影响因素分析

在我国大力推行“一带一路”的开放战略背景下，宁夏在2015年通过了对宁夏经济发展具有深刻指导意义的《关于融入“一带一路”加快开发宁夏建设的意见》（以下称《意见》）。《意见》中提出到2017年底，要实现宁夏地区对外贸易总额、实际引进区外资金、实际利用外资以及宁夏对外经济合作营业的总额能够比2013年翻一番，等到2020年再翻一番，争取在充分利用宁夏自身区位优势的基础之上将其打造成为一个辐射西部、跨越全国、融进全球的中阿合作先行区。在宁夏经济实行跨越式的发展战略进程中，保险业作为金融体系和社会保障体系的重要部分，将会对宁夏经济的持续增长和社会的和谐稳定起到保驾护航的作用。科学、正确的分析影响宁夏保险业的发展的主要因素是“十三五”时期乃至以后更长一段时间宁夏保险业实现长期可持续发展的应有要求。

一、宁夏保险业市场供给状况分析

（一）保险业运行平稳，现代保险功能进一步发挥

新中国成立以前，宁夏是一个人口稀少，经济落后，交通不便，以农牧业生产为主的省份。民族工商业不发达，没有专门的保险行业。宁夏的保险业是从新中国成立的第二年，即1950年7月17日在银川成立中国人民保险公司宁夏分公司时开始起步的。之后，由于众所周知的原因，宁

夏的保险业也几经波折反复，直至改革开放后才真正发展起来。1980年，宁夏开始恢复商业保险之初，年保费收入仅50万元，风险保障和经济补偿的能力非常有限。三十多年来，宁夏保险业经历了从无到有，从小到大的发展过程，保费收入以平均每年近40%的速度增长。1993年中国平安保险公司进入宁夏，改变了宁夏保险市场独家垄断的局面。1996年宁夏保险产、寿险分业经营带动了宁夏保险市场的极大发展，当年保费收入突破2亿元。1997年以来，宁夏保险业保费收入在2亿元的比较高的基数下每年仍然以超过20%的速度快速增长，2004年实现保费收入13.8亿元。2012年，宁夏保险业共实现保费收入62.69亿元，同比增长13.26%。其中财产险保费收入26.48亿元，同比增长20.94%，占市场总保费收入的42.34%；人身险保费收入36.2亿元，同比增长8.22% ，占市场总保费的57.66%。2012年底，保险公司总资产达到153.48亿元，同年初相比增长了20.02%。2012年末，全区保险深度2.69%，保险密度968.62元。宁夏保险业为全社会积累风险准备金148.59亿元，为社会经济提供风险保障1.13万亿元。实现营业收入58.63亿元，实现利税1.93亿元，与经济发展密切相关的一些险种的保费收入实现了较大幅度的增长，发挥了保险的社会稳定器作用，现代保险功能进一步发挥。

2012年，宁夏共有保险机构16家，各分支机构367家，其中产险主体6家，分支机构173家，寿险主体10家，分支机构194家。法人保险代理公司6家，保险代理分支机构2家，保险经纪分支机构6家，保险兼业代理机构1345家。保险产业组织市场主体趋于多元化，完善化。与宁夏相关国民经济指标相比，2012年全区保险业增幅13.26%，高出同期GDP增幅近1.3个百分点，高出同期城镇居民人均可支配收入增幅2.86个百分点，尽管保险深度与2011年相比没有变化，均为2.69%，但是保险密度却比2011年同期提高了103元，保险普及程度和保险业的发展水平进一步提高。

表 6-1　2012 年宁夏各保险公司保费收入及市场份额

（单位：百万元，%）

年度指标 / 保险企业	2011 年			2012 年		
	保费收入	市场份额	增长率	保费收入	市场份额	增长率
人保	1381.48	24.96	18.96	1648.43	26.30	19.32
平安财险	527.70	9.53	47.95	640.36	10.22	21.35
太保财险	208.49	3.77	13.45	233.56	3.73	12.02
安邦	39.56	0.71	-11.95	51.54	0.82	30.28
大地	121.98	2.20	36.53	140.55	2.24	15.22
阳光	10.33	0.19	—	34.68	0.55	235.72
国寿股份	1112.15	20.09	-2.15	1115.23	17.79	0.28
国寿集团	57.08	1.03	-6.61	53.09	0.85	-6.99
平安人寿	867.44	15.67	18.09	942.73	15.04	8.68
新华人寿	823.70	14.87	2.50	873.50	13.93	6.05
平安养老	34.49	0.62	-8.83	35.63	0.57	3.31
合众	81.71	1.48	15.69	82.40	1.31	0.84
太保人寿	152.28	2.75	56.97	158.71	2.53	4.22
人保寿险	88.02	1.59	58.97	95.27	1.52	8.24
泰康	22.95	0.41	—	71.80	1.15	212.85
中邮	5.73	0.10	—	45.06	0.72	686.39
生命	—	—	—	10.27	0.16	—
合　　计	5535.08	100	14.53	6268.82	100	13.26

资料来源：根据 2013 年《中国保险年鉴》的数据，经过整理计算后所得。

表 6-2　2012 年宁夏保险及相关经济指标与去年同期及全国对比表

指标 / 年份	保费收入（亿元）	增幅	GDP（亿元）	增幅	城镇居民人均 DPI（元）	增幅	保险深度	保险密度（元）
2012 年	62.69	13.26%	2400	12%	19831	10.4%	2.69%	968.6
2011 年	55.35	14.53%	2102	12.1%	17490	14.6%	2.69%	865.6
2012 年全国	15487.93	8.01%	519322	7.8%	24565	9.6%	2.98%	1143.8

资料来源：根据 2013 年《中国保险年鉴》的数据，经过整理计算所得。

（二）保险企业经营财务状况良好，风险控制能力提高

财产保险方面，2012 年，财产保险产业综合成本率、综合赔付率、综合费用率①等指标均低于全国平均水平；多年来，宁夏坚持执行了“见费出单”制度使得应收保费率连续多年控制在较低的水平。在车险较快增长的同时，非车险业务近年来也发展较快。以 2011 年为例，宁夏保证保险、企业财产保险、农业保险、责任保险等增速分别达到了 97.96%、35.23%、31.50%和 29.24%。在人身保险产业方面，2011 年银邮渠道保费占比 28.95%，较全国平均水平低 19.07 个百分点；新单期缴占比 55.97%，较全国平均水平高 27.36 个百分点；五年期以上新单标准保费占全部新单标准保费比例的 56.65%，较全国平均水平高 2.3 个百分点。近几年来宁夏人身险退保率等指标也低于全国平均水平，也没有发生大规模的群体性退保事件，保险业经营稳定性增强。

（三）保险赔款与给付态势平稳

从 1997 年到 2012 年的数据来看，宁夏保险赔付和给付率在过去的 16 年中保持了大致平稳的态势，并且自 2002 年以后赔付率和给付率较

①承保利润率 =（本期承保利润 ÷ 本期保费收入）×100%；应收保费率 =（本期应收保费 ÷ 本期保费收入）×100%；综合费用率 =（营业费用 + 手续费（佣金）支出 + 分保费用支出 + 营业税金及附加 + 保险保障基金 − 摊回分保费用）÷ 本期自留保费收入 ×100%。

之前波动更小,且有小幅下降趋势。在产险赔付率方面,1999年赔付率最高,为53%;2011年赔付率最低,为40.6%,波幅大约为12个百分点,其中2001年以前波动幅度比2001年以后略大。2001年到2010年10年间,波动幅度长期稳定在5个百分点间波动。在人身险给付率方面,过去16年中,1997年的给付率最高,为21.8%;2000年最低,为8.6%,这4年间波动幅度为13个百分点,2000年以后到2012年12年间的波动幅度为8个百分点,人身保险给付率趋于稳定的特征比较明显。但总的来讲,宁夏保险业的保险赔付和给付率相对于全国还是略低,其中的原因有政府强化监管,保险企业组织注重风险管理,加强对各类业务风险指标的预警的结果,也可能是保源优质的结果,当然也可能是保险企业组织在保险赔付和给付环节方面服务的问题。

表6-3 1997—2012年宁夏保险产业简单赔付率

(单位:%)

年份	1997	1998	1999	2000	2001	2002	2003	2004
产险赔付率	42.8	47.8	53.0	50.5	46.2	50.2	43.8	44.5
人身险给付率	21.8	17.0	17.2	8.6	16.5	17.6	14.1	11.5
年份	2005	2006	2007	2008	2009	2010	2011	2012
产险赔付率	48.0	46.1	46.7	47.1	48.6	43.1	40.6	49.2
人身险给付率	14.3	13.4	19.9	16.3	13.3	12.6	16.8	18.4

资料来源:根据1998—2013年《中国保险年鉴》的数据,经过整理计算后得到。

(四)宁夏保险市场还处于相对落后的阶段

尽管近年来宁夏保险发展速度较快,但是受经济总量小和经济发展程度低的制约,宁夏同全国经济发达省区和西部其他省区相比,保险业的发展水平总体来讲还是处在相对落后的阶段。表现为保险市场总体规模较小,保费收入、保险深度、保险密度与发达省区有较大差距,

2013年，宁夏保费收入仅占全国保费收入的0.42%，相比十年前2003年的占比0.28%已经有了比较大的提高，但在全国排名仍然处于第30位。保险深度2.80%，与全国平均水平相差0.23个百分点；保险密度1154元，与全国平均水平相差112元，两项指标均略低于全国平均水平，排名29位。在西北12省中，宁夏保费收入排名第10位，保险深度排名第4位，保险密度排名第3位。除去保费总量外，基本上处于中游位置。

经济发展程度是影响保险业的决定性因素，保险业的发展离不开经济发展这个大背景。相比GDP，人均GDP更能反映一个地区的经济发达程度。人均GDP与保险密度呈很强的线性关系，保险密度随着人均GDP上升而增加。宁夏经济发展状况与经济地位基本相符。另外人口越多的地区，保险消费就越大。宁夏地处西部无论是从人口总量上还是从密度上都远低于东部地区。此外，人才的择优选择也是导致保险业地区差异的重要因素。北京、上海等经济发达地区能够吸引更多的人才使得该地区保险从业人员的素质较高，有利于规范保险供给方的行为，这是保险业发展不可或缺的条件。东部地区人们受到的教育程度也会相对高一些，保险意识也会强一些，较好的教育使得人们具备较高的风险意识和较强的保险购买能力，从而形成质量较好的保险需求方。择优选择的结果导致集聚效应，使得保险资源更加向东部发达地区的保险市场聚拢，从而加剧地区间的差异性。地区经济发展的不平衡是形成我国保险市场区域发展差异的决定性因素，解决这个问题要从消除东西部经济发展的不平衡着手，加大对西部地区的经济投入。其次，要根据各个地区保险业发展的不同特点，差异化的发展各地的保险业。

表 6-4　2013 年宁夏保险指标与全国对比

项目＼指标	总保费收入（亿元）	增幅（%）	人身险保费（元）	增幅（%）	产险保费（亿元）	增幅（%）
全国	17222.24	11.2	11009.98	8.4	6212.26	16.5
宁夏	72.1	15.98	41.31	14.12	31.40	18.58
宁夏在全国排名	30	—	29	—	29	—
宁夏占全国比重	0.42%	—	0.38%	—	0.51%	—

资料来源：根据 2014 年《中国保险年鉴》的数据，经过整理计算所得。

表 6-5　2013 年西部十二省份保险指标对比

地区	保费收入（亿元）	排名	保险深度（%）	排名	保险密度（元）	排名
四川	914.68	1	3.52	1	1137	4
陕西	417.45	2	2.61	7	1118	5
重庆	359.23	3	2.76	5	1246	2
云南	320.77	4	2.67	6	698	8
广西	275.47	5	1.97	9	599	10
内蒙古	274.69	6	1.64	11	1112	6
新疆	273.49	7	3.21	2	1253	1
贵州	181.62	8	2.27	8	522	11
甘肃	180.15	9	2.86	3	704	7
宁夏	72.70	10	2.80	4	1154	3
青海	39.02	11	1.86	10	693	9
西藏	11.43	12	1.43	12	381	12
全国	17222.24	—	3.03	—	1266	—

资料来源：根据 2014 年《中国保险年鉴》的数据，经过整理计算所得。

表 6-6 2013 年全国各省份 GDP、保险密度和保险深度表

地区	人均 GDP（元/人）	各地 GDP（万亿）	保险密度（元/人）	保险深度（%）	保险密度同比增长（%）	保险深度同比增长（%）
天津	111298.33	1.44	2139.42	1.92	26.95	0.12
北京	99428.92	1.95	5070.59	5.10	18.78	0.10
上海	93856.28	2.16	3569.27	3.80	3.54	-0.30
江苏	75006.45	5.90	1838.39	2.45	11.89	0.05
浙江	69827.27	3.80	2039.54	2.92	13.45	0.12
内蒙古	67998.85	1.68	1111.83	1.64	11.74	0.04
辽宁	61948.10	2.71	1423.33	2.30	7.58	0.00
福建	59629.97	2.20	1558.09	2.61	22.25	0.21
广东	59443.74	6.20	1824.45	3.07	14.24	0.07
山东	57415.41	5.50	1336.65	2.33	14.24	0.03
吉林	47337.80	1.30	970.22	2.05	14.75	0.15
重庆	45076.28	1.30	1245.61	2.76	10.82	-0.14
湖北	43677.51	2.50	1026.24	2.35	11.61	-0.05
陕西	42863.96	1.60	1118.35	2.61	14.89	0.11
宁夏	41260.67	0.26	1153.76	2.80	19.12	0.10
河北	39385.31	2.83	1165.67	2.96	10.88	0.06
新疆	39012.90	0.85	1253.76	3.21	18.84	0.01
黑龙江	38629.99	1.48	1003.14	2.60	11.76	0.10
青海	37322.05	0.21	693.40	1.86	22.66	0.16
湖南	37298.83	2.45	774.24	2.08	10.51	-0.02
山西	36402.23	1.30	1154.75	3.17	8.40	-0.03
海南	36279.77	0.31	837.29	2.31	23.13	0.21

续表

地区	人均 GDP（元/人）	各地 GDP（万亿）	保险密度（元/人）	保险深度（%）	保险密度同比增长（%）	保险深度同比增长（%）
河南	34246.72	3.22	974.78	2.85	22.18	0.05
四川	32330.99	2.60	1137.40	3.52	12.09	0.12
安徽	31932.24	1.90	811.77	2.54	7.16	-0.06
江西	31413.10	1.40	713.42	2.27	18.25	0.17
广西	30417.19	1.40	598.51	1.97	15.83	0.17
西藏	26648.01	0.08	380.76	1.43	22.95	0.03
云南	26106.25	1.20	697.85	2.67	19.13	0.07
甘肃	24633.14	0.63	704.40	2.86	14.35	0.06
贵州	23010.66	0.80	522.39	2.27	21.15	0.07

资料来源：根据 2014 年《中国保险年鉴》的数据，经过整理计算所得。

二、宁夏保险业市场需求状况分析

保险需求是指在一定时期内，社会组织及个人在一定保险价格下对保险经济保障这一特殊商品的需求量。保险业向社会提供的各种各样的险种就是这种特殊商品。所谓保险的有效需求，是指消费者有保费缴纳能力的实际需求。保险需求的产生原因主要是人们对安全、稳定和秩序的需要，也是人们互助互爱的需要。现代保险业已将人们互助互爱的美德与现代商品经济融为一体，保险的补偿经济损失和防灾、防损的功能已为大众所接受。

一般来讲，影响保险需求的因素主要有：经济结构、质量和发展水平；国民收入水平和消费结构的变化；社会文化、法律环境及消费者理性预期；人口状况；政府的宏观调控措施，如经济政策、经济法规和经济杠杆等手段；除此之外，利息率、科学技术水平以及保险公司的承保和理赔质量、责任范围、通货膨胀等因素，都在不同程度上影响着保险需求。

保险需求是保险经营市场的主体内容，是保险业生存与发展的根本之源。对宁夏保险市场的有效需求或潜在需求进行分析，全面了解和把握当前和未来宁夏保险市场需求规模、构成和其他特征，是宁夏保险业的健康发展和完善保险市场的必要保证，同时也是政策和理论研究中不可或缺的一部分。现对当前宁夏保险市场需求的总体现状具体分析如下：

（一）宁夏经济持续快速发展带动了保险需求的逐步增加

自 1980 年恢复保险业以来一直处于超常规的发展进程之中，一方面人们被压抑多年的正常保险需求得到了释放，人口结构状况和家庭结构状况都发生了变化，社会福利制度改革进一步深化，城镇居民人均可支配收入持续增加，宁夏居民的消费结构也在发生变化；另一方面，突出表现在生存资料的消费持续下降，非商品性支出持续上升，保险需求也逐年上升；其一，改革开放以来，在宏观和微观经济领域均出现了众多刺激保险业发展的有利因素，国民经济的迅猛发展为宁夏保险业的发展奠定了良好的基础。

这里把保险费收入看做是已经实现的保险需求。1980 年宁夏的保费总收入仅为 50 万元，2000 年则实现保费收入 4.86 亿元，到 2013 年发展到了 72.70 亿元。从表 6-7 可以看出，总保费收入从 1997 年至 2013 年五年间增长了 23 倍，年平均增长率接近 23%。宁夏保险业的发展和国民经济的发展是正向相关关系，并且保险业的增长速度高于经济增长的速度。近几年来，刺激保险需求的有利因素不断，收入的增加和经济生活的不确定性增强了人们的保险意识；另外，保险作为人们投资理财的一个渠道也逐步被消费者所认可，汽车消费量的剧增带动了保险需求的强劲上升。同时，银保等代理已逐渐成为寿险的重要销售渠道之一。宁夏居民保险需求达到了一个新的高度。

表 6-7　1997—2013 年宁夏总保费收入与地区生产总值对比表

（单位:亿元;%）

年份	总保费收入	同比增长	地区生产总值	同比增长
1997	3.16	37.8	225	7.9
1998	3.70	17	245	8.8
1999	4.36	18	265	9.1
2000	5.06	15.99	295	10.2
2001	6.24	23.23	337	10.1
2002	8.67	39.08	377	10.2
2003	10.71	23.52	445	12.7
2004	13.8	28.9	537	11.2
2005	15.74	13.89	613	10.9
2006	19.24	22.24	726	12.7
2007	23.98	24.61	919	12.7
2008	31.79	32.76	1204	12.6
2009	39.28	23.55	1353	11.9
2010	48.32	23.01	1643	13.5
2011	55.35	14.53	2102	12.1
2012	62.69	13.26	2327	11.5
2013	72.70	15.98	2565	10.0

资料来源:根据 1998—2013 年《中国保险年鉴》《宁夏统计年鉴》的数据,经过整理后所得。

（二）保险市场有效需求仍然不足

有效需求不足主要源于消费者保险意识较淡薄、收入水平较低等因素。

第一，居民保险意识相对淡薄，风险意识过于朴素。保险业的发展和保险有效需求的提高离不开消费者保险意识的增强，而当前宁夏消费者对保险认知有限，保险意识不强恰恰是保险有效需求难以提高的瓶颈所在。一方面，几千年传统文化的影响根深蒂固。中国传统文化奉行的是儒家的中庸之道，强调循规蹈矩，驯服保守，缺乏创新精神和参与意识。在这种思想影响下，几千年来人们习惯忍耐、各安天命，不愿意主动地用保险的方法来处置风险，在观念上习惯于养儿防老，采用风险自留的方法。另一方面，在几十年长期计划经济体制下，人们有着时时处处依靠国家的心理，对保险这种现代化的社会经济补偿制度认识很差。尽管我国目前正在深化市场经济体制改革，人们的市场经济意识大有提高，社会保障体制也正在发生深刻的变化，但改革的时间毕竟不长，人们对风险的认识还不够，还需要有一个逐步适应的过程。此外，由于保险的专业性太强，而且长期以来保险公司奉行只注重保费收入的粗放型增长模式，对于保险知识的普及和保险意识的增强没有做足工夫。消费者对于保险总是一知半解，甚至对保险公司缺乏信任，导致国民保险意识较淡薄。虽说近几年保险意识有一定变化，但是离根本性改善还有较大差距。

第二，人均收入水平较低，财务支付能力有限。保险是社会生产力发展到一定阶段的产物，并随着生产力的发展而发展。我国仍然处于社会主义初级阶段，与西方发达国家相比，经济发展程度较低，而宁夏的经济发展水平又低于全国的水平。2013 年，宁夏城镇居民人均可支配收入 22013 元，人均消费支出 15321 元；农民人均纯收入 6922 元。[①] 这样，相对较低的收入减少了保险需求。另外，中国保险公司经营成本较高、费率

①2013 年的数据根据《2014 年宁夏回族自治区政府工作报告》和自治区农调队的相关调查得出，可能会与《宁夏统计年鉴 2014》最终公布的统计数据略有出入。

灵活性较小、税收负担较重,且保险险种少,结构单一老化,从而使保险价格偏高。这种情况下,保险商品的需求量也相对会减少。

衡量保险市场发展潜力和需求时主要采用两个指标,即保险密度和保险深度。保险密度是衡量一国公民保险意识水平、保险市场发展程度的指标,定义为该年的人均保费;保险深度是一个综合性指标,它衡量保险规模的发展水平,定义为保费收入占该年 GDP 的比例。

1980 年,宁夏刚恢复保险业时的保险密度仅为 0.13 元/人,保险深度仅为 0.03%,到 2013 年宁夏保险密度已达 1154 元,保险深度为 2.80%。显然,宁夏保险市场已取得了长足发展,但与全国和全世界相比仍有很大差距。2012 年美国、日本、英国和法国的保险密度分别为 4049、5113、4884、3678 美元,我国为 209 美元;上述几国保险深度分别为 8.1%、11%、12.8%、9.3%,我国仅有 3.03%,而宁夏相比全国又处于相对落后的水平。2013 年宁夏保费总收入名列全国 30 位,保险密度位列 14,保险深度位列 11 位。这说明宁夏保险市场仍然处于相对较低的发展水平上,当然发展水平低,也意味着宁夏保险市场有着巨大的潜力。表 6-8 是宁夏恢复保险业以来保险密度和保险深度变化的具体数据。

表 6-8　恢复保险业以来主要年份宁夏和全国保险密度(元/人)和保险深度(%)

年份		1980	1986	1990	1995	2000	2005	2010	2012
保险密度	全国	0.47	4.26	15.56	56.39	127.70	379.11	962	1144
	宁夏	0.13	3.05	9.38	38.96	86.58	263.99	764.67	968.62
保险深度	全国	0.10	0.65	0.85	1.17	1.80	2.55	3.2	3.00
	宁夏	0.03	0.37	0.67	1.18	1.93	2.62	2.94	2.69

资料来源:根据 1998—2013 年《中国保险年鉴》的数据,经过整理计算所得。

在这 30 多年间,宁夏保险密度和保险深度均发展较快,人民的保险意识水平不断提高,有效地拉动了保险需求的增长。2000 年以后,人寿保险中投资型寿险产品增长很快,从表6-8中也可看出2005年保险密度和深度都有一个明显的飞跃。保险密度一直保持了较大且较为稳定的增长幅度,相比而言保险深度的增长则较为缓慢,甚至还略有起伏。这与宁夏的经济结构调整过程一直在持续,保险市场发育程度较低有关,说明了宁夏消费者很大一部分的保险需求并未得到满足。这也造成了当前一个两难命题:一方面消费者虽然潜在需求巨大,但是有效需求不足,在某些保险品种方面体现为供过于求,如家庭财产保险;另一方面,消费者一些切实的需求由于保险市场或保险主体的原因又未能得到满足,如宁夏特别是宁南山区农村的保险需求及老年人的保险需求。目前宁夏的保险资源远远没有得到充分利用。

(三)宁夏保险市场的潜在需求较大

所谓潜在需求是指消费者有支付能力但无强烈购买动机的需求,是指在一定时期以后可能发生的有支付能力的需求。宁夏保险市场发展的潜力和空间比较大的原因主要有三个方面:第一,改革三十多年来,宁夏经济增长速度长期保持在10%以上,为保险需求的扩大提供了经济基础。第二,与社会主义市场经济相适应的新的全民覆盖的社会保障体系,如养老保险、失业保险、医疗保险、工伤保险、生育保险等的构建势在必行,这必将引起保险需求的相应增加。第三,人口的增长及人口老龄化趋势和家庭结构小型化都将进一步刺激保险需求。

(四)区域需求差异明显,区域间保险业发展水平不平衡

由于宁夏各市之间经济发展的不平衡,造成保险业发展也不平衡:以银川市为代表的经济中心地区,市场供给主体相对较多,保险市场有较高程度的发展,消费者保险意识也较强,因而保险需求量大,保险业发展快;而在南部地区,保险需求量小,保险意识淡薄,保险业的发展非常落后。不论是从保费收入这一绝对指标还是从保险密度和保险深度等相对指标

来看都是如此。另外,即使是在经济中心地区,城市居民和农村居民的保险需求差别也是巨大的。这种需求不均衡的状况对于宁夏保险市场的完善和整合是很不利的。但是,近几年保险公司也开始注重对宁夏南部落后地区保险市场的开发,这使得广大消费者巨大的潜在需求开始转变为实际的有效需求。从实践来看,南部山区最近几年的保费收入增长明显提高。可以说,宁夏南北两地消费者的保险需求差异正在减小。

表 6-9　2012 年宁夏各市保险指标对比表

指标 项目	保费 (亿元)	占比 (%)	增幅 (%)	保险深度 (%)	密度 (元/人)
银　川	38.45	61.33	16.40%	3.37	1878.89
石嘴山	6.59	10.52	4.13%	1.61	889.18
吴　忠	9.13	14.56	8.51%	2.93	695.50
固　原	3.27	5.22	6.62%	2.06	258.70
中　卫	5.25	8.37	16.43%	2.10	473.88
合　计	62.69	100	13.26	2.69	968.62

资料来源:根据 2013 年《中国保险年鉴》的数据,经过整理计算所得。

三、宁夏保险业发展影响因素分析

(一)保险业发展影响因素理论概况

1. 从全面考虑影响保险业发展的因素及针对保险市场进行的分析

完颜瑞云把影响我国保险业发展的因素主要分为三大种。首先是经济发展状况,包括收入、投资、储蓄、通货膨胀等因素;其次是社会和文化因素,包括人口总量、文化与教育水平、风险及保险替代品等;最后是法律政策环境,包括法律环境、社会保障、利率等因素,同时还提出民族和宗教信仰也是影响保险业发展的重要因素。梁继尧运用多元线性回归模型从人口因素，包括人口质量、年龄、家庭规模、保险认知；经济因素，包括经济规模、经济结构以及居民财富与收入；社会因素，包括城市化水平、社会保障等全面分析了我国保费收入的影响因素。结果显示，财富状况、产业结构、城市化水平、人口素质等因素是影响我国保险业发展的主要因素。

2. 从经济影响因素角度出发对保险市场进行研究

这一类文献主要是考虑到上述大部分影响因素均难以量化的问题，只从经济影响因素这一角度出发进行研究。如张芳洁从经济发展水平、市场化水平、税收、产业变动、居民储蓄、固定资产投资、通货膨胀率七大经济因素出发，分别分析了各个影响因素与我国保险市场发展之间存在的特定关系；程志刚选取了保费总收入、国内生产总值、社会储蓄额、通货膨胀率、固定资产投资等指标，通过引入时间序列的回归模型对影响我国保险需求的因素进行实证分析，得出了社会居民储蓄余额、固定资产投资、个人可支配收入是影响我国保险业发展主要经济因素的结论。

3. 从影响某类保险产品需求而对保险市场进行的研究

第三类文献主要是根据影响某一类特殊保险产品的市场需求进行的研究。如秦中阳、秦蒙、张宗军分等人分别对影响财产保险需求的因素进行了研究；杨海玉、张连增、王雪、李亚鸽等人对影响寿险需求的因素进行了研究；尚君对我国不同地区保险业发展过程中人身保险与财产保险的发展分别作实证研究，分析得出城乡居民人均储蓄存款余额的增长对于人身保险业发展水平比较低地区的影响是明显大于对人身保险业发展水平较高地区的影响的，而人身保险公司数量与规模对于人身保险业发展的影响却是恰恰相反的，即人身险公司规模的增大与数量的增多对人身保险发展水平较高地区的影响作用超过对人身保险业发展水平较低地区的影响作用。

综上所述,对于我国保险业发展影响因素的研究已经到了一定程度,但这些研究基本上都是站在整个国家的角度研究影响一国保险业发展的,对国内某一特定地区或省份的保险业发展状况以及影响因素的研究却相对较少,对宁夏保险业发展影响因素的研究更是屈指可数,所以对该问题的分析是非常必要的,也将对宁夏保险业的更好发展具有重要的意义。

(二)宁夏保险业发展影响因素的指标选取与数据处理

1. 指标选取

(1)保费收入

一般情况下,衡量一个地区保险业的发展规模和水平通常使用保费收入、保险密度、保险深度三个指标,后两个指标是考虑了经济发展水平与人口规模在内的相对指标,由于本书分析中选择的五个解释变量中包含经济发展水平(GDP)与人口(GP)指标在内,因此选择保费收入作为衡量宁夏保险业发展水平的标准。宁夏保费收入主要是指在宁夏开展保险业务的所有保险公司一年内的保费收入总和,用 PI 来表示。

(2)地区生产总值

国家经济发展水平的快速提高能够为地区保险业的发展提供一个比较好的社会经济环境,是保险业不断前进的基础和动力,从图 6-1 我们可以看出宁夏的经济发展水平与保险业发展水平之间存在着明显的正向相关关系。宁夏地区生产总值一定程度上代表了宁夏的整体经济发展水平和规模,可以反映出宁夏经济发展对宁夏保险业发展的影响作用,所以将宁夏地区生产总值引入模型,书中用 GDP 表示。

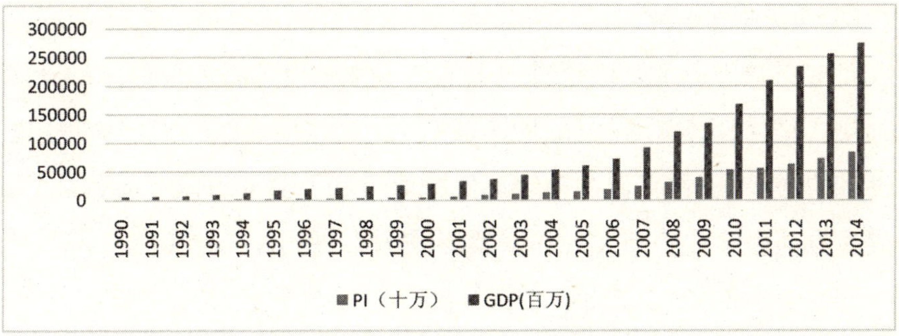

图 6-1　1990—2014 年宁夏保费收入与地区生产总值对比图

(3)总人口数

一个地区的人口数量直接说明了该地区保险业市场消费群体的大小,不仅代表了该地区对保险产品的现有需求,也一定程度上能够反映出该地区对保险产品需求的潜在水平。人口数量越大,对保险存在潜在需求的消费者就更多,对于保险的需求也就会越大,这将对保险业的发展具有非常大的推动作用。总人口数是宁夏农村人口与宁夏城镇人口数量的总和,用于反映人口数量对于宁夏保险业发展产生的影响,本书用 GP 来表示。

(4)人均可支配收入

根据经济学消费理论,当居民的收入水平有所提高时,消费水平也会因它的提高而提高。随着居民手中可支配收入的增加,一方面人们会增加对价值较高耐用品如房屋、汽车的消费从而促进财产险的发展;另一方面,根据马斯洛需求理论,当人们在解决了简单的基本生理需要之后,伴随着收入的不断增加就会自然考虑到诸如人身、养老、医疗等一些比较高层次的需求,因此带来对具有保障作用的保险产品的需求,进而促进寿险市场的发展。人均可支配收入是由宁夏城镇人口人均可支配收入与宁夏农村人口人均可支配收入两者加权平均得出,把它引入模型可用来反映可支配收入对于宁夏保险业发展产生的影响,用 DI 来表示。

(5)固定资产投资

固定资产投资主要是指对一个地区基本建设项目和房地产的开发投资,那么宁夏固定资产投资的增多就代表了宁夏在建工程项目和中间物品投入的增多,这将直接拉动宁夏保险业市场上对非寿险产品的需求,进而成为推动保险业不断发展的重要影响因素,用 INV 表示。

(6)人均储蓄存款余额

一方面,个人储蓄的增加一定程度上象征着个人收入的增加,居民因为收入增加的原因而增加对保险产品的消费我们称之储蓄对保险的收入效应;另一方面,储蓄具有保障生活的作用,而它的保障作用会在一定程度上使居民购买保险的欲望大大减弱而减少对保险产品的购买,我们称其为储蓄对保险的替代效应。当储蓄的收入效应超过它的替代效应的时候,储蓄的增长便会引起居民对保险需求的增长,反之,保险需求就会随储蓄的增加而减弱。人均储蓄存款余额为宁夏城镇居民人均储蓄存款和宁夏农民人均个人储蓄存款的加权平均值,将其引入模型用 SAVE 来表示。

2. 数据处理

针对以上相关变量,本书选择了宁夏 1990—2014 年的数据。

表 6-10 宁夏保费收入及相关数据

年份	保费收入 PI(万元)	地区生产总值 GDP(亿元)	人口 GP	人均支配收入 DI(元/人)	固定资产投资 INV(万元)	城乡居民人均储蓄存款余额 SAVE(元)
1990	4368	64.84	4656774	1008	219603	705
1991	6666	71.78	4738791	1087	288134	852
1992	10625	83.14	4822697	1220	380942	1034
1993	13446	104.49	4908582	1419	526673	1251

续表

年份	保费收入 PI（万元）	地区生产总值 GDP（亿元）	人口 GP	人均支配收入 DI（元/人）	固定资产投资 INV（万元）	城乡居民人均储蓄存款余额 SAVE（元）
1994	16085	136.26	5038682	1948	609780	1715
1995	19961	175.19	5123845	2210	701237	2267
1996	24851	202.90	5212099	2514	773191	2802
1997	31587	224.59	5289401	2691	881027	3216
1998	39176	245.44	5365666	2934	1086536	3611
1999	42765	264.58	5432891	3132	1306062	3919
2000	48621	295.02	5543214	3318	1608204	4179
2001	62362	337.44	5632211	3684	1958118	4617
2002	86730	377.16	5715376	3992	2308269	5406
2003	107142	445.36	5801912	4287	3182100	6559
2004	138192	537.11	5877142	4769	3808465	7287
2005	157392	612.61	5962029	5301	4448174	8607
2006	192394	725.90	6037305	5969	5152753	9686
2007	239778	919.11	6102518	7020	6218092	10115
2008	317906	1203.92	6176939	8306	8588368	12933
2009	392775	1353.31	6252023	9037	11191392	15572
2010	527466	1689.65	6329550	10010	14646972	18644
2011	553367	2102.21	6394549	11494	16541517	21240
2012	626883	2341.29	6471908	13006	21095182	26106
2013	727029	2565.06	6541938	14382	26811429	29003
2014	839181	2752.1	6623764	15350	31737902	31036

资料来源：根据 1998—2013 年《中国保险年鉴》的数据，经过整理计算所得。

四、宁夏保险业发展影响因素实证分析

(一)模型的设定

由图 6-2 可以看出,PI 和 INV 是逐年增长的,而 GDP、GP、DI、SAVE 在多数年份呈现出水平波动,说明这些变量之间不一定是线性关系,可以探索性地把模型设定为以下对数形式:

$$\ln PI_t = C + \beta_1 \ln GDP_t + \beta_2 \ln GP_t + \beta_3 \ln DI_t + \beta_4 \ln INV_t + \beta_5 \ln SAVE_t + u$$

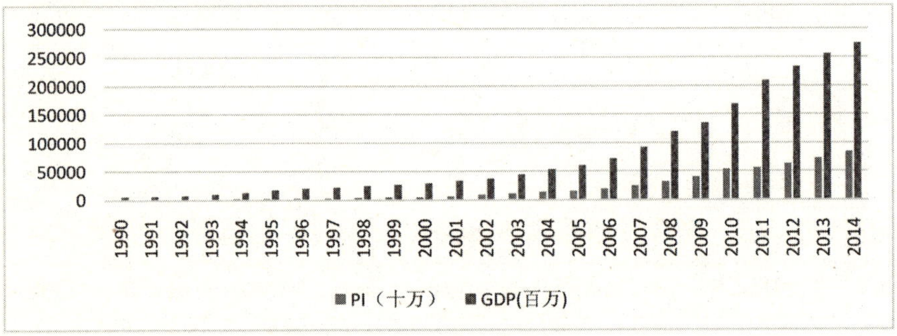

图 6-2　保费收入及相关数据图

(二)时序平稳性检验

经济分析中所涉及的时间序列通常情况下是非平稳的,所以本书在运用时间序列进行回归分析之前,首先要确定序列的平稳性以及它的单整性质,否则如果直接使用非平稳性时间序列进行回归分析,则可能会导致严重的伪回归问题。如果一个时间序列具有均值与时间无关,方差有界且不随时间的变化而变化的性质,则说明此序列是平稳的,否则序列就是非平稳的。根据 wold 原理,一个不具有确定时间趋势的平稳时间序列,具有有限阶的移动平均形式,可以近似表示为一个有限阶的自回归移动平均过程。对于非平稳的时间序列,如果经过差分后变成平稳性序列,则称它为单整序列。若在序列变得平稳之前经过 n 次差分,则称该序列

为 n 阶单整序列。

本书主要采用 ADF(Augment Dickey Fuller)单位根检验法分别对 lnPI、lnGDP、lnGP、lnDI、lnINV、lnSAVE 等时间序列进行时序平稳性检验，也包括下文对每个变量的时间序列数据差分形式的平稳性检验。首先是根据时间序列数据的趋势图确定各个变量是否含有常数项和趋势关系，其次采用赤池信息(AIC)准则对检验过程中的滞后项进行确定。

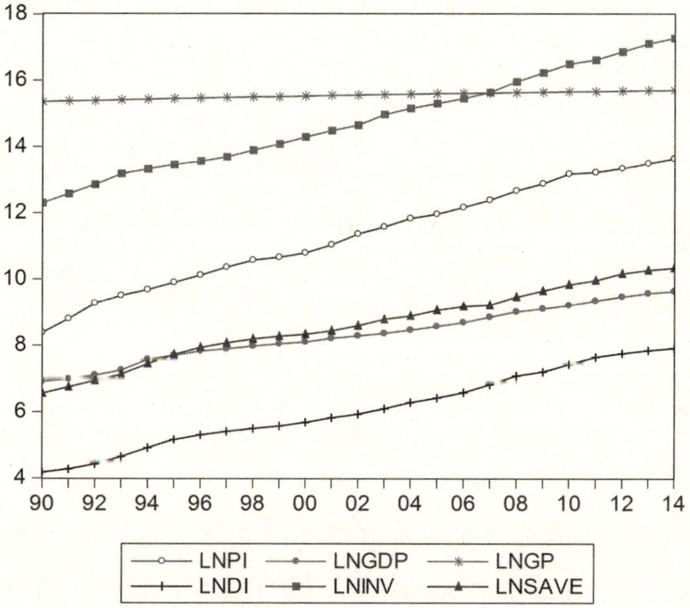

图 6-3　保费收入及相关数据时序图

由图 6-3 时序图初步判断时间序列 lnPI、lnGDP、lnDI、lnINV、lnSAVE 是不平稳的并且可能存在趋势项，lnPI、lnGDP、lnGP、lnINV、lnSAVE 可能存在截距项。

表 6-11 变量单位根检验(ADF)结果

	ADF 统计量	1%临界值	5%临界值	10%临界值	AIC	平稳性
lnPI	0.9938	-2.669359	-1.956406	-1.608495	-2.005573	不平稳
△lnPI	-1.739593	-2.669359	-1.956406	-1.608495	-1.855217	平稳 *
lnGDP	-0.906515	-3.737853	-2.991878	-2.635542	-2.934813	不平稳
△lnGDP	-3.30411	-3.752946	-2.998064	-2.638752	-2.826301	平稳 * *
lnGP	2.382029	-2.669359	-1.956406	-1.608495	-8.593072	不平稳
△lnGP	-0.8677	-2.67429	-1.957204	-1.608175	-8.595968	不平稳
△△lnGP	-7.92003	-2.67429	-1.957204	-1.608175	-8.649916	平稳 * * *
lnDI	-0.00852	-3.737853	-2.991878	-2.635542	-2.440373	不平稳
△lnDI	-3.683312	-3.752946	-2.998064	-2.638752	-2.488538	平稳 * *
lnINV	-0.00852	-3.737853	-2.991878	-2.635542	-2.440373	不平稳
△lnINV	-3.683312	-3.752946	-2.998064	-2.638752	-2.488538	平稳 *
lnSAVE	-2.046496	-3.737853	-2.991878	-2.635542	-2.576161	不平稳
△lnSAVE	-2.726639	-3.752946	-2.998064	-2.638752	-2.563389	平稳 *

注：* * * 代表在 1%的显著水平下平稳；* * 代表在 5%的显著水平下平稳；* 代表在 10%的显著水平下平稳。

通过表 6-11 的分析我们可以得到以下结果(1)lnPI、lnGDP、lnDI、lnINV、lnSAVE 都为一阶单整的时间序列，也就是说它们本身是一个非平稳过程，而它们的一阶差分却都是平稳的；(2)lnGP 为二阶单整的时间序列，也就是说这个序列本身是一个非平稳的过程，但它的二阶差分却是平稳的；(3)lnPI、lnGDP、lnDI、lnINV、lnSAVE 为同阶单整所以是可以进行下面的协整检验的，而 lnPI 与 lnGP 不是同阶单整，因此它们不可以进行以下的协整检验。

(三)协整检验

当前，协整检验主要有两种方法，一种是由 Johansen 提出来的，它是一种基于回归系数完全信息来进行协整检验的方法，通常被称为极大似然估计法；另一种方法则是由 Engle 和 Granger 提出的，它是一种基于回归残差来进行协整检验的方法，一般称之为 EG 检验法，有时也被叫做单一方程的协整检验。考虑到方法的通用性，本书选用的是基于回归残差的 EG 协整检验方法。EG 检验法是对同阶单整的各变量运用 OLS 法进行协整回归，并对它们的残差项 u_t 进行单位根检验，如果它们的残差项的检验结果是一个稳定过程，则说明各个变量单独拿出来检验结果是非平稳的，但它们之间却是存在协整关系的；如果说残差项检验出是非平稳的，那则代表这些变量之间是不存在任何协整关系的。

根据表 6-11 中 ADF 检验的结果，我们可以确定 lnPI、lnGDP、lnDI、lnINV、lnSAVE 为同阶单整，猜测它们之间可能是存在协整关系的，建立计量经济模型如下：

$$\ln PI_t = C+\beta_1 \ln GDP_t+\beta_3 \ln DI_t+\beta_4 \ln INV_t+\beta_5 \ln SAVE_t+u_t$$

以下是对回归方程的残差 u_t 进行 ADF 检验，检验的目的是为了观测它是否存在单位根，Eviews 检验结果如下：

表 6-12　残差单位根检验（ADF）结果

	ADF 统计量	1%临界值	5%临界值	10%临界值	AIC	平稳性
u_t	-2.312216	-2.664853	-1.955681	-1.608793	-2.048207	平稳＊＊

由 Eviews 结果可知，回归方程的残差序列是平稳序列，由此判断被解释变量 PI 与四个解释变量之间存在着长期均衡关系，所以运用 lnPI、lnGDP、lnDI、lnINV、lnSAVE 时间序列进行回归分析是有意义的。

（四）参数估计

利用 Eviews 软件对数据及模型参数估计，选用 OLS 估计方法，结果如下：

表 6-13 回归结果

Dependent Variable: LNPI
Method: Least Squares
Date: 04/21/16 Time: 16:42
Sample: 1990 2014
Included observations: 25

	Coefficient	Std. Error	t-Statistic	Prob.
C	-0.843768	3.377183	-0.249844	0.8053
LNGDP	0.850542	0.843705	-1.008103	0.3254
LNDI	0.056834	0.499429	0.113797	0.9105
LNINV	0.607479	0.201000	3.022276	0.0067
LNSAVE	1.152242	0.376135	3.063377	0.0061

R-squared	0.995161	Mean dependent var	11.31400
Adjusted R-squared	0.994194	S.D. dependent var	1.567965
S.E. of regression	0.119478	Akaike info criterion	-1.234520
Sum squared resid	0.285498	Schwarz criterion	-0.990745
Log likelihood	20.43150	Hannan-Quinn criter.	-1.166907
F-statistic	1028.360	Durbin-Watson stat	0.719759
Prob(F-statistic)	0.000000		

根据表 6-13 中数据，模型估计的结果是：

$$\ln PI = -0.8438 + 0.8505\ln GDP + 0.0568\ln DI + 0.6075\ln INV + 1.1522\ln SAVE$$

$$(3.377)\quad (0.844)\quad (0.499)\quad (0.201)\quad (0.376)$$

$$t = -0.249\quad 1.008\quad 0.114\quad 3.022\quad 3.063$$

$$R^2 = 0.9951\qquad \bar{R}^2 = 0.9941\qquad F = 1028.360$$

由表 6-13 数据可以得到可决系数$R_2 = 0.9951$，修正的可决系数为$\bar{R}_2 = 0.9941$，这说明本书所建的模型对样本的拟合是非常好的。其次，模型的 F 统计量值为 1028.36，在显著水平为 0.05 的情况下，$F_\alpha(4,20) = 1.46$，由于 $F = 1028.36 > 1.46$，所以应该拒绝方程不显著的假设，回归方程显著，说明“地区生产总值”“人均可支配收入”“固定资产投资”“居民人均储蓄存款余额”等变量联合起来对“保费收入”有显著性影响。再次 lnGDP、lnDI、lnINV、lnSAVE 的 t 统计量值分别为 1.008、0.114、3.022、3.063，在显著性水平为 0.05 时，$t(25-5) = 2.086$，可以看出在保持其他解释变量不变的前提下，固定资产投资、居民人均储蓄存款余额两个因素对宁夏保费收入的影响是显著的，而人均可支配收入、地区生产总值两个因素对于宁夏保费收入的影响是不显著的。由此可以得出结论，固定资产投资和居民人均储蓄存款余额是影响宁夏保险业发展的主要影响因素。

（五）模型得到的结论

1. 在假定其他变量不变的前提下，当年宁夏地区固定资产投资每增长 1%，宁夏保费收入将增长 0.6075%，固定资产投入对宁夏保险业发展有着显著的正向影响。

2. 在假定其他变量不变的前提下，当年宁夏城乡人均储蓄存款余额每增长 1%，宁夏保费收入将增长 1.1522%，城乡人均储蓄存款余额的增加对宁夏保险业发展有着极其显著的促进作用，说明宁夏居民储蓄存款余额的收入效应是超过它的替代效应的，居民的储蓄余额的不断增长，能够使人们更有意愿也更有能力去购买更多的保险产品。

3. 在假定其他变量不变的前提下，当年宁夏 GDP 每增长 1%，宁夏保费收入将增长 0.0568%；在假定其他变量不变的前提下，当年宁夏居民人均可支配收入每增长 1%，宁夏保费收入增长 0.8505%。宁夏 GDP 与居民人均可支配收入对宁夏保费收入均存在一定的正向影响作用，但是这种作用不显著。

五、政策建议

根据上面所得到的实证分析结果，并结合宁夏地区保险业的发展现状，本书为宁夏保险业的发展提出几点政策建议如下：

（一）加大对农业固定资产投资，推动农业保险的发展

从实证分析结果可以得出，在影响宁夏保险业发展的这些因素之中，

固定资产投资对宁夏保险业发展的贡献是最大的。一方面不断增长的固定投资额能够带来宁夏地区财产保险费收入的大幅度增加,进而促使整个宁夏地区保险业的保费收入大幅增加;另一方面固定资产通过巨大的投资乘数效应,加速了宁夏经济的发展进程,促使宁夏居民收入不断提高,从而带动了当地保险业的持续高速发展。宁夏近些年的固定资产投资主要集中在房地产投资、基础建设投资以及能源重化工基地建设项目投资,但对农村、农业基本建设的投入相对较少,尤其城乡保险业发展也严重不均衡。考虑到上述问题,一方面,宁夏地方政府可以加大对地区农业基础建设的投资规模,提高农民生产生活水平,带动农村保险业发展;另一方面,考虑到农业风险特殊性和农民收入水平较低,保险公司可以开发保费较低且适合宁夏农村的、具有针对性的农业保险产品,这样既可以避免农民因高价无力购买保险的问题,也可以在适当降低保险公司赔付风险的同时提高保险业务量。

(二)加强对保险的宣传力度,提高宁夏居民保险意识

实证分析结果表明:宁夏城乡储蓄存款余额对宁夏保费收入的不断增长具有显著的正向影响作用。当前,从总量的角度来看,宁夏城乡储蓄存款余额总量是远远大于宁夏保费收入总额的,这说明宁夏保险业具有很强的发展潜力。一方面,宁夏居民特别是在农村地区,人们的风险意识相对不足,比起选择保险他们似乎更会倾向于接受储蓄,因此,应该不断加强对保险的宣传力度,在使人们的风险意识不断提高的前提下,才能够比较合理地引导资金的投向。另一方面,宁夏保险企业应主动出击去满足消费者需求,在不断完善现有险种市场的同时,努力找寻全新的保险市场突破点。比如在家庭财产险方面,一般情况下在保险业发展比较完善的国家中,家庭财产保险的投保率应该超过70%,我国却低于30%,宁夏这个比例更小。针对这种问题,建议宁夏地区的

保险公司可以通过不断创新、改善家财险的质量和完善家财险的条款以及服务等途径,具有针对性地推出一系列储蓄型、分红型、投资型的家庭财产保险产品,以满足宁夏居民对保险产品需求,从而达到保险市场上供给双方的双赢。

参考文献

[1]包晓光.内蒙古保险市场运行情况调查报告[D].呼和浩特:内蒙古大学,2005:21-40.

[2]曾好.成都市保险市场的调查报告[J].保险研究,2000(1),42-44.

[3]陈丹丹等.电信运营商国际化战略探讨——概念分析框架 [J].电信技术,2008(2):37-41.

[4]陈璐.保险产业市场结构和市场绩效的关系研究[J].经济经纬.2006(6):32-34.

[5]陈文辉.中国寿险业的发展与监管[M].北京:中国金融出版社,2002:39-126.

[6]陈祥升.湖北省保险市场调查报告[J].保险研究,2001(4):43-45.

[7]楚天骄.中国保险市场的区域差异研究[J].上海金融.2009(9):39-41.

[8]段昆.当代美国保险[M].上海:复旦大学出版社,2001:12-20.

[9]封进.中国寿险经营的风险研究[M].北京:经济管理出版社,2002:50-57.

[10]傅助.充分发挥保险的社会管理功能[N].中国保险报,2005(4).

[11]高鸿业.西方经济学[M].北京:中国人民大学出版社,2015:86-92.

[12]高培明.中国商业保险市场结构问题探析[J].社科纵横,2000(3):35-37.

[13]高强生.青海省保险市场调查报告[J].保险研究,2000(10):44-46.

[14]郭扬.关于保险监管的经济分析[J].经济评论,2001(4):96-100.
[15]何大安.市场体制下的保险实质及其投资运作机理[J].金融研究,2004(10):106-112.
[16]胡宏兵.中国保险业区域协调发展战略研究[M].北京:中国社会科学出版社,2014:93-108.
[17]黄薇.基于数据包络分析方法对中国保险机构效率的实证研究[J].经济评论.2007(4):111-116.
[18]姬晓辉,李庆国.我国保险市场运行问题的分析及对策[J].科技进步与对策,2003(5):36-39.
[19]江生忠.2003年中国保险业发展报告[R].天津:南开大学出版社,2003:40-132.
[20]江生忠.中国保险产业组织优化研究[M].北京:中国社会科学出版社,2003:112-118.
[21]蒋才芳.基于保险业绩指数的区域保险差异探析[J].湖南大学学报(社会科学),2009(07):45-49.
[22]卡尔·H·博尔奇.保险经济学[M].北京:商务印书馆,1999:485-497.
[23]李安明.连云港市财产保险市场调查报告[J].保险研究,2003(9):56-58.
[24]李朝鲜,梁燕.对中国保险市场的影响因素分析[J].北京工商大学学报,2001(9):45-48.
[25]李峰等.天津市保险产业市场结构分析与对策建议[J].中国市场,2013(1):36-38.
[26]李海华.江西保险监管机制研究[D].南昌:南昌大学学报,2009:19-48.
[27]李翰辉.宁夏保险发展五十年[M].银川:宁夏人民出版社,2006:3-20.
[28]李军.农业保险的性质、立法原则和发展思路[J].中国农村经济,1996(1):55-59.

[29]李献忠.独家解析:中国保险业发展的区域性差异[N].中国保险报,2014(5).

[30]李秀芳.中国寿险业资产负债管理研究[M].中国社会科学出版社,2002:10-30.

[31]李芝.保险企业竞争力提升的品牌经济分析[D].济南:山东大学,2008:20-30.

[32]梁慧超,焦丽雪,赵艳周.基于京津冀协同发展的区域保险问题分析[J].河北工业大学学报(社会科学版),2014(4):1-18.

[33]梁英怡.我国保险业区域发展差距及其协调发展[J].保险研究,2012(4):25-29.

[34]刘超等.我国人身保险市场结构变化与预测分析[J].保险研究,2011(9):88-96.

[35]刘江峰,王虹.我国保险产业市场结构与市场绩效的关联性分析[J].软科学,2005(5):14-16.

[36]刘京生.保险理论实务研究[M].北京:中国社会科学出版社,2003:44-56.

[37]刘京生.中国农村保险制度论纲[M].北京:中国社会科学出版社,2000:36-71.

[38]刘坤,张杰声.吐鲁番地区财产保险市场调查报告[J].保险研究,2003(10):61-62.

[39]刘兰凤.中国保险产业组织研究[J].中国市场,2012(1):7-10.

[40]刘少波.广州保险市场调查与分析[M].广州:暨南大学出版社,2001:106-157.

[41]刘妍芳.寿险投资及其监管[M].北京:中国轻工业出版社,2001:29-41.

[42]刘志雄.中国保险业发展水平地区差异的实证分析[J].广西金融研

究,2005(7):45-56.

[43]栾存存.我国保险业增长分析[J].经济研究,2004(1):25-32.

[44]吕宙.竞争力:中国保险业发展战略选择[M].北京:中国金融出版社,2004:49-113.

[45]南丽明.新疆财产保险市场调查报告[J].保险研究,2003(1):61-62.

[46]倪振华.天津保险市场调查报告[J].保险研究,2001(3):44-46.

[47]庞皓.计量经济学(第三版)[M].北京:科学出版社.2014:68-102.

[48]裴光.中国保险业监管研究[M].北京:中国金融出版社,1999:8-18.

[49]裴光.中国保险业竞争力研究[M].北京:中国金融出版社,2002:27-85.

[50]乔林.保险代理人与保险经纪人制度的发展与规范[J].保险研究,1997(4):21-24.

[51]秦振球,俞自由,周淳.我国保险市场结构、现状与趋势分析[J].财经理论与实践,2002(18):36-39.

[52]任珊.中国保险企业持续发展研究[D].哈尔滨:东北农业大学学报,2004:53-67.

[53]任智.论公众寿险认知偏差的成因及纠正[J].中国商界,2010(9):205206.

[54]汝永才,吴爱玲.西宁市财产保险市场调查报告[J].保险研究,2001(7):42-44.

[55]石兴.非寿险产品设计[M].成都:西南财经大学出版社,2002:90-101.

[56]石玉凤,王立杰.人寿保险市场供需理论探索[J].科技进步与对策,2003(5):103-105.

[57]史忠良,孟浩.市场开放后江西保险监管问题研究[J].当代财经,2005(4):84-87.

[58]苏恒轩.中国寿险业区域协调发展研究[M].北京:中国财政经济出

版社,2013:25-99.

[59]粟芳.中国非寿险保险公司的偿付能力研究[M].上海:复旦大学出版社,2002:57-62.

[60]孙刚.中国保险市场结构合理化研究[J].保险研究,2000(8):14-16.

[61]孙祁祥.保险、社会保障与经济改革[C].北京:北京大学出版社,2005:152-154.

[62]孙祁祥.保险监管的理论与实践[J].经济界,2001(3):66-69.

[63]孙祁祥.中国保险业:矛盾、挑战与对策[M].北京:中国金融出版社,2000:224-228.

[64]孙秀清.中国区域保险发展研究[M].大连:东北财政大学出版社,2008:97-107.

[65]唐亚山.加强和改善西部保险监管的思考[J].西南金融,2003(8):52-53.

[66]田乾,金怀玉.中国区域保险业发展差异研究[J].西华大学学报(哲学社会科学版),2015(03):103-110.

[67]王斌.中国保险业市场结构与绩效关系分析[J].上海金融.2002(10):33-36.

[68]王金铎.中国区域保险的理论与政策研究[M].北京:中国财政经济出版社,2006:12-163.

[69]王萍.保险利益研究[M].北京:机械工业出版社,2004:26-52.

[70]王儒靓.河北省保险业运行的法律监督[J].法治与社会,2009(7):136-137.

[71]王斯亮等.各省商品住宅市场集中度比较[J].合作经济与科技,2010(15):6-8.

[72]王翔,华日新,穆菊梅.我国保险业区域发展协调度研究——基于区际视角[J].保险研究,2013 (6):18-22.

[73]王延辉,赵仕平.新疆农业保险市场调查报告[J].保险研究,2002(2):54-56.

[74]魏华林.论人类对保险功能的认识及其变迁[J].保险研究,2004(2):9-15.

[75]魏修建等.我国担保业市场结构及区域竞争格局演变研究[J].经济问题探索,2013 (4):108-114.

[76]文艳,郑向敏,李勇泉.基于锡尔系数的西部 12 省旅游竞争力差异研究[J].重庆师范大学学报,(自然科学版),2013(03):128-134.

[77]吴定富.推动保险理论创新,促进中国保险业持续快速健康发展[J].经济科学,2003(5):7-10.

[78]吴定富.中国保险业发展改革报告[R].北京:中国经济出版社,2004:103-153.

[79]肖志光.中国保险市场地区差距 1989-2008[J].保险研究,2009(12):21-31.

[80]徐梅芳.中国寿险需求决定因素研究[M].上海:上海社会科学院出版社,2006:111-158.

[81]徐哲,冯结.中国保险市场区域发展不均衡性分析[J].北京航空航天大学学报(社会科学),2005(9):17-20.

[82]薛生强,何风隽.保险监管的理论分析[J].宁夏大学学报(人文社会科学版),2004:98-101.

[83]薛生强,徐梅.宁夏财产保险产业组织发展研究[J].宁夏大学学报.2015(5):172-177.

[84]薛生强,徐梅.西部地区人身保险市场结构、行为与绩效研究——以宁夏为例[J].西南金融,2014(9):33-36.

[85]薛生强.论现代保险社会管理功能的发挥与实现[J].宁夏社会科学,

2006 (6):58-61.

[86]薛伟贤,王强.我国区域保险经济科学发展研究[J].金融理论与实践,2008(5):92-95.

[87]杨帆,王勇.广东省保险市场调查报告[J].保险研究,2001:42-44.

[88]姚海明.苏州保险市场的调查报告[J].保险研究,2002:32-35.

[89]姚庆海.发挥保险社会管理功能的八个着力点[N].中国保险报,2003(3).

[90]姚树洁,冯根福,韩中伟.中国保险业效率的实证分析[J].经济研究.2005(7):56-65.

[91]姚文平.我国保险市场绩效分析[J].上海保险,1998(5):16-18.

[92]袁卫.中国保险监管与精算实务[M].北京:中国人民大学出版社,2003:32-35.

[93]张爱梅.郑州市保险市场调查报告[J].保险研究,2000(8):45-47.

[94]张弘.基于生态环境重建的西部地区经济增长方式研究[D].西安:西北大学,2008:30-52.

[95]张可.中国西部保险市场现状与发展探析[J].西南金融,2002(6):53-55.

[96]张伟,郭金龙,张许颖等.中国保险业发展的影响因素及地区差异分析[J].数量经济技术经济研究,2005(7):108-117.

[97]张艳萍.保险排除对区域保险市场发展差异的影响研究[M].北京:中国财政经济出版社,2014:19-87.

[98]赵春华,杨宝军.金融保险市场失灵及政府行为[J].上海交通大学学报,2002:74-77.

[99]赵伟.关注保险 推动寿险认知到成熟[N].中国保险报,2008(8).

[100]赵旭.关于中国保险公司市场行为与市场绩效的实证分析[J].经济评论.2003(4):118-121.

[101]郑彬,张玉红.印度保险业自由化改革及对中国的启示[J].沈阳航空工业学院学报.2006:11-13.

[102]郑伟,刘永东.我国区域保险业发展比较研究——基于"保险基准深度比"的分析[J].经济科学,2009(05):95-109.

[103]郑伟.中国保险业发展研究[M].北京:经济科学出版社,2011:30-65.

[104]中国保险监督管理委员会.中韩保险市场与保险监督[M].中国金融出版社,2003:36-49.

[105]祝恒光.呼伦贝尔盟保险市场调查报告[J].保险研究,2000(12):38-39.

[106]邹平,刘虹.中国保险改革发展启示录[M].中国社会科学出版社,2003:55-72.

后　记

宁夏保险业自从恢复以来取得了令人瞩目的成就,但面临的问题和存在的困难也越来越多,需要更多的人关心并投入到这个研究领域中。我从参加工作以来就从事自己喜欢的保险教学和研究工作,本书就是在我主持的两项宁夏哲学社会科学规划项目《宁夏保险市场发展与监管研究》《宁夏保险产业组织优化研究》和两项宁夏大学科学研究基金项目《保险监管的理论与实践研究》《宁夏保险业市场结构、行为与绩效研究》的基础上,结合多年来教学和研究的点滴思考,经过系统梳理后形成的最终研究成果。

宁夏保险业发展是个重大课题,现在呈现在大家面前的这本书是我对于宁夏保险业发展的一些粗浅认识和探讨,很多地方分析的还不全面,有些论证还不完整、不严密,对于一些问题的讨论还不深入,需要今后再做进一步的研究。对于书中的谬误和不当之处,恳请各位读者不吝批评指正。

本书得以出版离不开多年来给予我帮助和支持的领导、同事、朋友,正是他们的关心和鼓励才使我不断前行。感谢宁夏大学原副校长左理教授,是他鼓励了我第一次申请了自治区哲学社会科学规划项目,走上保险研究的道路;感谢宁夏大学教务处处长、经济管理学院原院长何风隽教授，是他带领我参与了一系列宁夏金融方面的课题研究，了解和掌握了宁夏金融业的实践情况和科研调查方法；感谢宁夏大学经济管理学院院长杨国涛教授，是他给予了我许多科学研究和课题申报的技术方法，并对本书的出版给予了大力支持；感谢宁夏大学经济管理学院和发展规划与学科建设处给予本书出版的经费资助；感谢宁夏大学经济管理学院的同事们和宁夏保监局、保险公司、保险学会的朋友们在研究过程中给予我的热情帮助；感谢我的学生王涵、雍敏慧、苗迪、李梦霞等人在本书一些章节中给予的数据整理和分析，这些相关内容也是她们学习和研究的成果；感谢我多年前的学生，宁夏人民出版社综合（美术摄影）编辑部主任康景堂先生，感谢他在本书出版过程中给予的热心支持、帮助和理解。

薛生强

2016年10月